JN491780

우리들의 교육 이야기

"배움으로 교육을 말하다"

이 책은 저작권법에 따라 보호받는 저작물이므로 무단전재와 무단복제를 금지하며, 이 책 내용의 전부 또는 일부를 이용하려면 반드시 저작권자와 동문사의 서면동의를 받아야 합니다. 무단전재나 무단복제 행위는 저작권법 제136조(벌칙)에 의거, 5년 이하의 징역 또는 5천만 원 이하의 벌금에 처하거나 이를 병과할 수 있습니다.

우리들의 교육 이야기

배움으로 교육을 말하다

정두배, 김영빈, 차광준, 박수진, 조혜영, 서동기, 김숙경, 정수애,
홍지명, 김회엽, 전상준, 조남미, 문종길, 신봉호, 조창영,
더나눔학술 · 문화재단 편

dm 동문사

머리말

우리들의 교육 이야기 "배움으로 교육을 말하다." 한 권의 책은 저자 각자의 성장 과정에서 체험과 교육현장에서 느꼈던 다양한 철학들이 이야기로 구성되어 있다. 따라서 다양한 주제와 내용으로 구성된 본 교육에세이는 독자들에게 잊혀져 가는 기억의 회상을 통해 새로운 추억과 새로운 가치관에 접근할 수 있는 기회를 제공할 것이다.

"아이들의 세계에서 배움은 놀이를 통해 아이들은 주도적… 지속해 나가는 능력에서 충분한 경험의 토대가 된다." 하지만 초등학생부터 의무교육은 놀이에서 멀어지게 되었고 제대로 놀아보지 못하고 어느덧 교육의 현장에 있는 저자는 "인생을 축제처럼! … 지금 이 순간을 잘 누리고! 신나고 즐겁게 행복한 오늘을 만들어가야 해!."라고 이야기하고 있다.

"내가 초등학교 시절에 공부보다도 마음껏 뛰놀고 다양하게 경험했던 것들은… 중요한 가치로 자리매김… 다시 초등학교 시절로… 여전히 흙먼지 휘날리는 운동장에서… 다양한 경험, 다양한 느낌을 맛볼 것이다."

"초등학교 4학년 시절 교실 뒤편에 학급문고가 인생의 변곡점… 교육현장에서 40년간 교육을 통해 얻은 것은 어떤 시기(적기)에 어떤 책을 읽느냐가 자신의 미래를 결정한다는 사실이다."

"이제는 청소년들이 우리말 파괴의 심각성을 깨닫고… 스스로 자제할 수 있는… 상황과 상대방에게 맞는 은어를 사용해야 한다."

"선생님을 만나서 기뻤습니다. 항상 마음속에만 감춰두었던 저의 재능과 성격을 맘 편히 표현할 수 있었습니다. … 너무 빨리 헤어져야 한다는 게 너무 아쉽지만 다음에 꼭 만나기로 약속했으니 다음에 꼭 만나요~!!"

"선생님. 저는 참 많은 시간 곰처럼 … 우직하게 귀 닫고, 눈감고, 벙어리 삼 년, 장님 삼 년, 여우처럼 … 그런데요. 저 이제 치타처럼 살고 싶습니다. … 치타가 너무 맘에 들어요." 그녀는 천진난만한 어린아이처럼 환하게 웃었다.

"내가 학생들을 가르치면서 내린 결론 … '가르치는 것은 말처럼 쉽지 않다'라는 것 … 무엇인가를 배우는 가장 좋은 방법은 누군가를 가르치는 것!"

"교직 생활을 하면서 나는 교사란 직업이 … 천직이라는 생각 … 교직에서 학생들을 가르치시길 바라는 마음이 … 부모님에 대한 보답 … 학생들을 잘 가르쳐 훌륭한 인재로 키워내는 것!"

"함께하는 삶은 우리 아이들이 지녀야 할 소중한 가치관 중 하나 … 일 년의 계획은 곡식을 심는 것 … 십 년의 계획은 과일나무를 심는 것 … 평생의 계획은 사람을 심는 것만 같은 것이 없다."

"투철한 교육관 없이 시작한 교직의 길 … 어느새 이력이 … 아이들로부터 얻는 에너지에 … 30년이 넘게 교직에 몸담고 있다."

"대학 생활은 많은 도전과 어려움을 겪지만 … 대학 생활은 일시적인 시기 일지라도, 그 경험과 교훈은 평생 가치가 있다."

"나의 국가대표 선수 시절 흔히들 태릉선수촌은 창살 없는 감옥이라고 할 정도로 힘들었던 선수 생활이었지만 … 지금은 대학교수가 되어 보람 있는 36년간의 교직 생활로 영예스러운 퇴직을 하게 되었다."

"이제는 회복적 정의의 가치를 생활지도와 교육의 관점 … 그 방향이 분명 앞으로 생활지도나 훈육에서 가야 할 바람직한 지향점이다."

"우리나라 교육의 목표는 知(지)·德(덕)·體(체) … 교육의 문제를 해결하기 위해서는 體·德·知로 바꿔 인간성을 회복하는 것이 먼저."

"목표를 향해 가는 과정에서 … 모든 것을 꾹 참고 인내하면서 꾸준히 노력하면 반드시 좋은 결과가 있으리라 생각이 든다."

"자신의 생각과 다르다고 틀렸다는 사고방식과 태도를 버리고 … 서로 존중과 공감 그리고 배려를 실천할 때 꼰대와는 거리가 멀어지지 않을까 싶다."

"헤어지면서 사돈이 곶감 한 상자를 건네 … 곶감 한 상자에 사돈의 인격과 마음이 전해지며 미안함과 감사한 마음이 교차했다."

"문화의 독특한 환경이나 역사적·사회적 상황 등을 이해하면서 … 각 문화에 담긴 고유한 뜻과 가치를 이해함으로써 문화의 다양성을 인정할 수 있다."

"덴마크 교육현장 유치원에서는 놀이를 가장 중요하게 생각하여 정규 커리큘럼 없이 교사가 자율적으로 지도하여 교사에게 재량권 … 학부모·학생·교사 간의 … 협력자·동반자적 관계 … 인상적이었다. 그리고 교사와 학생 간의 관계를 중요시 … 학생들은 책임감과 자존감을 키워 나갈 수 있도록 … 한 인간으로 존중하며… 함께 살아가야 할 동반자로 존중해주는 학교 문화가 돋보였다."

"100세 시대인 지금의 사회의 많은 사람들이 또 다른 삶에 도전하는 데 용기를 가졌으면 한다."

-본문 중에서-

배움이란 처음과 끝이 없는 것 같다.

배움의 첫 출발은 다양한 궁금증 해결로부터 출발하고, 의무교육의 제도하에 어쩔 수 없이 수행되는 과정이다. 그럼에도 불구하고 부정할 수 없는 한 가지는 어떤 동기에 출발하였던 과정이 끝난 이후에는 더 많은 기억과 추억 그리고 삶의 지혜로 남아 있다는 사실이다. 교육의 현장에서 배움의 가치는 각자에게 삶의 철학이고 또 다른 미래의 가치관이란 사실에 배움으로 교육을 말할 수밖에 없다.

2024. 1.

정두배

차례

머리말 • 5

01 놀고 싶구나! _ 홍지명 11

02 언니가 제대로 노는 방법을 알려줄게! _ 조혜영 19

03 천원의 아침밥 _ 전상준 33

04 내가 다시 초등학생이 되어도 여전히 뛰어놀 것이다 _ 정두배 39

05 공부에 대한 도전과 나의 삶 _ 김회엽 49

06 나의 국가대표 선수 시절 _ 김영빈 55

07 나의 대학 생활과 진로 찾기 _ 서동기 67

08 독서와 함께한 나의 인생 _ 조창영 73

09 명예퇴직한 뒤 기간제교사로 살기 _ 문종길 83

10 모두가 원하는 안전하고 행복한 회복적 패러다임 이야기 _ 김숙경 91

11 B교사의 아침 _ 박수진 103

12 사람과 동물을 구별 짓는 가장 큰 특성 중 하나 '언어 사용' _ 정수애 109

13 아주 특별한 4년 _ 차광준 115

14 「인생나눔교실」 멘토링 이야기 _ 조남미 123

15 體(체)·德(덕)·知(지)의 教育(교육)으로 _ 신봉호 135

16 가르치는 것이 말처럼 쉽더냐? _ 정수애 141

17 나의 교직(教職) 생활(生活) _ 신봉호 149

18 상견례 _ 차광준 157

19 우리는 각자의 삶 속에서 수많은
힘듦을 견뎌내며 오늘을 살아간다 _ 조혜영 163

20 꿈과 희망 그리고 도전 _ 김영빈 169

21 '꼰대'라는 표현 지양하기 _ 김희엽 183

22 또 다른 가을맞이 _ 차광준 189

23 클래식 음악과 팝송을 들으면 교양과 품격이 높은가?
대중가요를 좋아하면 문화 수준이 낮은가? _ 전상준 197

24 행복 지수 1위 덴마크 교육현장을 다녀와서 _ 신봉호 203

01

놀고 싶구나!

홍지명

우리들의 교육 이야기

나에게는 조카가 5명이 있다. 초등학교 4학년, 3학년, 1학년 그리고 만 3세, 만 2세 너무나도 사랑스러운 아이들이다. 두 아이는 타지역에 있는 관계로 자주 보지는 못하지만 요즘은 영상으로 공간을 초월해서 만날 수 있는 시대이기에 자주 영상으로 대화를 나누곤 한다.

가까운 곳에 사는 조카 3명이 주말마다 우리 집에 모여 노는 모습을 보면 참 재미가 있다. '심심하다 심심해'하면서 집 안에 있는 물건을 두리번거리고… 뭔가 새롭고 이전에 보지 못했던 것을 발견하면 서로서로 '이게 무엇이지?' 하며 탐색에 나선다.

그들의 모습은 사뭇 진지하다. 새로운 것을 발견한 그들의 눈빛은 신대륙을 발견한 것 이상이다. 이리저리 돌려보고 귀에 대보고 하면서 새로운 물건에 대한 탐색이 한참 이루어지고 난 후 즐겁게 놀이를 시작한다. 원래의 방법대로 사용하기도 하고… 새로운 방법으로 창조해 내기도 한다. 놀이가 시작된 것이다.

이런 아이들의 모습을 보고 있으면 나의 어린 시절도 생각이 난다. 성인이 된 후에도 우리는 놀이를 좋아한다. 놀이는 여러 시대 사회, 계층에 제한을 두지 않으며 각자가 놓여 있는 문화, 상황에 따라 다양하게 이루어져 왔다. 특히 최근에 유아교육에서는 놀이 중심 교육과정을 제시하면서 놀이가 가지고 있는 의미에 대하여 다시금 생각해 보고 있다.

네덜란드의 역사학자 하위징아(Johan Huizinga)는 그의 저서인 『호모 루덴스(Homo Ludens)』에서 인간은 생각하는 인간인 호모 사피엔

스이면서 동시에 놀이하는 인간인 호모 루덴스라고 하였다. 이는 인간에게 놀이는 근원적인 삶의 충동이며 문명을 창조해 나가는 생산적 기능, 사회적 포용성을 강조한다. 더불어 프랑스의 유명한 놀이인구학자인 카이와(Roger Caillois)도 문화 맥락적인 입장에서 놀이에 대하여 경쟁, 우연, 모의, 현기증이라는 네 개의 특성으로 구분하고 놀이가 실제로 행해지는 문화에 의존하고 있으며 한 문명 내부의 한 시기는 인기 있는 놀이로 특징지어질 수 있다고 하였다. 이처럼 놀이는 인간의 강력한 본능에 대응하는 것이며 인간 삶, 문명과 동일하다고도 본다.

다시 아이들의 놀이로 돌아와서 아이들에게 놀이란 무엇인가라는 질문을 하면 많은 아이들이 자유, 행복, 재미라는 단어를 이야기한다. 이는 놀이가 주는 해방감이라는 생각이 든다. 놀이는 자유롭게 선택하고 구성하며 자발적으로 참여하는 활동으로 그 자체가 목적인 즐거움을 수반하고 있다. 놀이는 상상력의 원천이자. 상상력이 발현되는 공간이 되기도 한다. 또한 놀이는 참여하고 중단할 자유가 누구에게나 주어지며 놀이를 하면서 느끼는 즐거움과 희열 때문에 아이들은 놀이를 계속한다. 이는 아이들의 발달에도 밀접한 영향을 미친다. 특히 주도적으로 무언가를 하고 지속해 나가는 능력에 있어 놀이의 충분한 경험은 토대가 된다.

조카들이 노는 상황을 잘 보면 자신들끼리 상상의 나래를 펼치고 공간을 창조해 내고 다양한 상황들 속에서 역할을 분담하고 스토리를 전개해 나간다. 이러한 상황은 실로 고차원적인 사고와 의

사소통이 수반된다. 나이가 어린 조카는 자신도 그 상황 속에서 무언가 역할을 해 보겠다며… 귀를 쫑긋거리고 눈으로 빛을 발하고, 나는 너는… 하면서 자신의 존재감을 드러낸다. 이처럼 놀이는 놀이 주체의 자유로운 선택을 기반으로 내적 동기, 능동성, 자발성, 즐거움을 제공하면서 긍정적 발달을 이끌어 준다.

또한 조카들이 노는 상황을 보면 규칙들도 발견할 수 있다. 듀이(John Dewey)는 아이들의 놀이에서 규칙을 발견할 수 있다고 하였다. 아이들이 참여하는 게임에는 규칙이 있고 이러한 규칙은 게임에 참여하는 아이들에게 행동을 조절하고 통제해 준다. 규칙을 지키지 않으면 갈등상황도 발생한다. 이 갈등상황이 심해지면 '너랑 안 놀아' 하며 토라지기도 한다. 그러다 다시 또 갈등상황이 해제되면 놀이가 시작된다. 아이들은 놀이에 참여하면서 서로 상호작용하고 협력하는 과정을 공유한다. 이러한 공유된 과정 안에서 사회적 통제도 일어난다. 즉 아이들은 자발적으로 놀이 상황에서 자유 박탈을 허용하기도 한다. 이것은 놀이를 교육과 연결시켰을 때 매우 중요한 의미가 된다.

우리는 아이들의 입장에서 놀이 시간과 공간 그리고 놀이 환경을 제공해야 할 필요가 있다. 아이들의 상상력에 보탬이 되는 다양한 사회적 경험과 지식의 제공은 놀이에 자유로움을 더욱 증가시킬 수도 있다. 최근 놀잇감을 새롭고 재미있게 가지고 노는 동영상을 많이 볼 수 있다. 1560년에 그려진 브뤼겔(Pieter Bruegel)의 어린이들의 놀이에는 약 90개의 놀이가 표현되어 있다. 굴렁쇠 놀이, 말뚝박기, 물구나무서기, 기차놀이, 술래잡기 등 우리가 알고 있고 실제 해 왔던 놀이가 그려져 있다. 이 그림을 보면 아이들이 친구들과 매우 즐겁게 놀이를 하고 있음에 공감한다. 누군가와 함께 놀이를 하고 있다는 것… 이것은 사회적으로 바람직한 방향으로 잘 성장하고 있다는 것을 보여주는 것이라 생각한다.

그렇다면 오늘날 아이들이 얼마나 자유롭게 놀이하고 있는지 한 번쯤 생각해 봐야 한다. 놀이는 아이들의 사회, 정서, 인지 발달 등 발달에 있어 매우 중요한 역할을 한다. 이처럼 중요한 놀이를 과연 성인들은 어떻게 생각하고 있을까?

우리도 어렸을 적에는 많은 놀이를 하고 자라났다. 그렇다면 놀이를 떠올리면 어떤 느낌이 드는가? 미소가 지어지는가? 행복해지는가?

지금의 아이들에게도 놀이할 권리는 당연히 누려야 할 기본적인 권리이다. 유엔의 아동권리협약 31조에 유아의 놀 권리를 명시하고 있다. 휴식과 여가를 즐기고 자신의 연령에 적합한 놀이와 오락 활동에 참여하며 문화생활과 예술에 자유롭게 참여할 수 있는 권리가 있다. 또한 이러한 아이들의 놀 권리를 위해 각 나라는 문화적, 예술적 생활에 안전하게 참여할 수 있는 아동의 권리를 존중하고 촉진하며, 문화, 예술, 오락 및 여가활동을 위한 적절하고 균등한 기회를 제공하도록 권장해야 한다고 명시하고 있다.

그러나 아이들이 놀이할 권리와 자유를 여러 가지 이유로 인해 충분히 보장받고 있지 못한 게 현실이다. OECD 국가들 중 우리나라 아동의 행복 지수는 최하위 수준이며 놀이 시간 또한 가장 적은 것으로 보고되었다. 따라서 과도한 사교육, 놀이환경의 부족 등의 문제를 안고 있는 현실을 고려할 때 아이들의 놀 권리를 보다 적극적으로 보호해 줘야 할 것이다. 즉 아이들의 놀이는 자유이자 삶이므로 그 자유를 충분히 누릴 수 있도록 우리가 노력해야 할 것이다.

이 짧은 글을 마치며 나는 지금 조카들이 끌어당기는 놀이 안으로 자유롭게 들어가고 있다.

02

언니가 제대로 노는 방법을 알려줄게!

조혜영

우리들의 교육 이야기

상담자로서 살아가면 다양한 사람들의 삶에 대한 이야기를 접하곤 한다. 각자 짊어지고 있는 삶의 무게가 제각각이지만 유독 짓눌려 그 자리에서 멈춰있는 사람이 있는 반면, 어떤 이는 그 무게를 거뜬히 이겨내며 더 나아가 성장으로 가져가기도 한다. 무엇이 이러한 차이를 만드는 것일까?

자신의 삶을 잘 만들어가는 사람들을 살펴보니 주로 두 가지 특성을 가졌다.

첫째, 어린 시절 부모로부터 신뢰와 지지를 받은 경험이 많다.

둘째, 다양한 도전을 통한 삶의 경험치가 높았다.

책으로만 배워지는 것이 아닌, 오롯이 자신의 선택에 의한 경험은 삶의 큰 원동력이 된다. 자신이 속한 세계에서 할 수 있는 다양한 경험을 용기 있게 시도하고, 그 안에서 매 순간 더 큰 배움과 성장을 이루는 당신이기를 소망한다.

그런 맥락으로 사랑하는 후배들에게 나의 도전 스토리를 들려주려 한다. 누군가의 가슴에 울림이 되어서 그들의 챌린지를 자극할 수 있다면 그보다 좋을 수 없겠다. 지금부터는 가볍고 쉬운 말로 기술함을 양해해주기를 먼저 부탁드린다.

인생을 축제처럼
우리에게 주어진 시간은 한정되어 있어
그래서 우리는 지금 이 순간을 잘 누리고 살아내야 해
신나고 즐겁고 행복한 오늘을 만들어가야 해
그걸 누가 만드냐고? 우리 스스로가 만들어가는 거야

먼저 대학생들

부디 마음껏, 아낌없이 온 우주의 에너지를 끌어모아서 신나게 놀기를 바라! 학업관리, 취업준비, 스펙 쌓기만도 바쁘고 버거운데 왜 지금이냐고? 너의 삶에서 잃을게 가장 적을 때가 바로 지금이라는 것을 너는 분명 한참의 시간이 지난 후에야 알게 될 거야.

지금부터 내가 들려줄 이야기는 단순한 Play를 넘어선 Enjoy my Life를 지향할 거야. 필요한 건 돈이 아니야, 용기와 의지 그리고 실행력이지.

국토순례

20대에 난 대학에서 국토순례단을 뽑는다는 소식을 듣고 한걸음에 지원서를 넣었어. 우리나라 지형을 따라 제주도까지, 배를 타고 가는 시간을 제외하고는 도보로 한 달여 시간을 걷고 또 걸었어. 이틀 정도 지나면 발가락 사이, 발바닥에 물집이 올라오는데 굉장히 따갑고 아플 거야. 하지만 괜찮아. 물집이 터지고 굳기를 반복하다 보면 어느새 단단한 굳은살로 바뀌어 있지. 그리고 일주일이 지나면 이제 머릿속에서 아무런 생각이 나지 않는 무념무상의 경지에 오르게 될 거야. **바로 이거야! 무념무상의 경험. 삶이 아주 단순해지지. 잘 살아남기! 우리는 이렇게 욕망과 욕심을 내려놓고 오늘을 살아가야 하는 것 아니겠어?** 대학에서는 미연의 사고를 대비하여 구급차와 학생 운반 트럭이 함께 이동했는데 유일하게 트럭에 타지 않고 전체 일정을 걸었던 독한 소녀가 한 명 있었는데 그 사람이 바로 나야!

해외봉사활동

많은 대학에서는 방학 기간을 이용해서 해외 봉사활동 프로그램을 개설하곤 해. 지금 당장 대학 홈페이지 공지사항을 검색해봐! 항공과 숙박, 비자 발급까지 해주는 경우가 많아. 지원자가 많으면 면접을 보기도 하지. 태권도 단증, 어학 자격증을 가지고 있으면 선발될 확률이 높아. 베트남 시골 어느 마을 학교건물을 지어주는 대학생 봉사활동에 참여하게 되었어. 전기도 들어오지 않는 깜깜한 숙소에서 밤잠을 자고 있으면 가끔 귀여운 도롱뇽이 침대 머리로 떨어지곤 했어. 처음에는 소리를 지르고 무서워했지만 봉사활동이 끝날 무렵에는 도롱뇽과 친구가 되어서 헤어지는 게 아쉽더라. 솔직히 우리 봉사단이 학교건물을 짓는 데 많은 도움이 되지는 않았을 거야. 하지만 우리는 그 마을의 베트남 어린이들에게 저녁에는 태권도와 한국문화를 알려주고, 새벽부터 늦은 저녁

시간까지 시멘트 벽돌을 나르며 학교가 하루빨리 완공되기를 모두가 한마음으로 바랬어. 짧은 기간 봉사활동이 끝나고 몇 년이 흐른 후 십시일반 돈을 모아서 새로 지어진 베트남 시골 학교에 후원을 하였지. 며칠 뒤 우리가 지었던 학교건물에서 공부하는 아이들에게서 학교 사진과 감사편지를 받게 되었어. 참 보람되고 값진 순간으로 기억에 남아. 무엇보다 의미 있는 것은 함께했던 봉사단원들이 20년이 지난 지금까지도 긴 인연으로 서로의 안부를 묻고 함께하고 있다는 거야!

어학연수

짧은 시간 타국의 언어와 문화를 배우고 싶다면 난 어학연수를 추천해. 지금 나에게 삶에서 가장 행복했던 순간이 언제였냐고 묻는다면, 나는 중국에서의 어학연수 경험이라고 말할 거야! 중국어를 전공하는 학생이 아니었기에 정말 가나다부터 시작해야 했어. 하지만 중국에서의 시간은 너무나 행복했지. 아침에 눈을 뜨고 잠드는 순간까지 중국어를 공부하고 중국노래를 들으며 지냈던 시간이 그리워. 이렇게 오롯이 몰입할 기회가 또 언제 있었겠어! 4개월 뒤에는 능숙하게 중국인과 대화를 할 수 있었어. 아직도 나는 유학생 기숙사 창가에 들려오던 새소리와 창문 너머 우슈라는 운동을 하고 있었던 중국인들을 바라보며 평화로운 감정에 행복했던 그 순간을 잊지 못해. 너희들도 유독 행복한 기억으로 남는 어느 순간이 있을 거야. 힘이 들면 그 순간을 떠올려 봐. 지금도 중국어 잘하냐고? 니하오, 처소 짜이날, 흔꿰이, 피에니디얼(안녕하세요, 화장실 어디 있나요, 너무 비싸요, 깎아 주세요), 이 정도만 해도 우리 여행은 가능하잖아!

동아리 활동

대학교 입학 후 동아리 건물을 기웃거리던 나는 인상 좋은 선배님들 손에 이끌려 우연히 그림 동아리에 들어가게 되었지. 보통 일 년에 한두 번 동아리 전시회를 준비해야 했는데 나는 인물수채화를 그리기도 하고, 유화작품을 출품하기도 했어. 시험공부도 마지막 날 보통 날을 세워 하듯, 그림 작품도 전시회 개최 전날 밤 동아리원들과 돈독한 우정을 나누는 알코올음료와 함께 작품을 완성하곤 했어. 작품의 퀄리티보다는 완성이 목적 아니겠어? 밤을 함께 지새우며 작품을 완성한 우리는 서로를 칭찬하며 성취감 레벨을 하나 더 쌓곤 했어.

참! 동아리는 하나만 하는 게 아니야, 여러 개를 동시에 하는 친구들도 많이 있어. 나는 친구 따라 댄스동아리에 들어갔었어. 마침 축제 기간이라 엉겁결에 대동제라는 큰 무대에도 서게 되었지. 연습을 못 했는데 어떻게 했냐고? 괜찮아! 관객들은 맨 앞에 서 있는 주인공 한 명만 보니까. 그렇게 매년 축제 기간 춤을 추었던 나는 직장인이 되어서 본격적으로 이 세상 모든 춤을 배우기 시작했어! 난 절대 그림과 춤에 소질과 흥미, 적성과 재능이 있어서 시작한 게 아니야!

나에게 우연한 기회가 주어졌고, 나는 용기 내서 선택했고, 그리고 나는 최선을 다해 즐겼을 뿐이야. 이 시간들을 통해 내가 배운 것은 다양한 도전을 통해 내가 어떤 것을 좋아하고 즐기는지 제대로 알게 되었다는 사실이야.

댄스에 대한 열정

직장인이 되어 가장 먼저 댄스 스포츠를 전문적으로 배울 수 있는 학원에 등록했어. 자이브, 차차차, 룸바, 파소도블레를 배울 수 있었지. 특히 경쾌한 자이브 리듬이 참, 사람을 신나게 하지. 그런데 여기서 끝이 아니야. 내 안의 열정은 나를 벨리(belly)댄스와 살사(salsa)댄스의 세계로 데려갔지.

다양한 댄스를 배우면서 가장 좋았던 점은 춤이라는 공통의 주제로 함께 만난 사람들과 소통하고 나누는 재미였어. 일주일에 단 하루 **신나는 음악과 하나되어 춤을 추었던 그 순간은 오롯이 나로서 존재하는 유일한 시간이었어.** 지금은 춤을 추지 않지만 10년 전 신었던 댄스화를 아직도 버리지 못한 채 보관하고 있다면, 나의 댄스에 대한 열망과 그 시절에 대한 그리움이 느껴지니?

서각활동

정적인 일을 하게 되면, 동적인 활동을 통해 삶의 균형을 맞춰주는 것이 좋아. 나는 정적인 심리상담을 하는 사람이었기에 동적인 활동을 많이 하려고 했어. 하지만 삶은 우리가 그리는 대로 살아지는 것만은 아니더라. 많은 대학의 평생교육원에서는 저렴한 수강료로 다양한 교육과정을 운영하고 있어. 함께 일하던 동료와 인근의 대학 평생교육원 서각과정을 등록했어. 초목 향 가득한 나무판에 망치와 끌을 이용해서 글과 그림을 새기고 색을 입히는 과정이 생각보다 재미있었어. 조용한 강의실에 울려 퍼지는 탕탕탕 망치질 소리. 그 속에서 혼신의 힘을 다해 자신의 작품을 만들어내고 있는 다양한 계층의 사람들. 그렇게 만든 작품을 미술대전에 출품하기도 했어. 그리고 난 두 번의 수상을 했지. **나의 이력서 취미와 특기, 경력란에 미술대전 수상 이 한 줄이 더 기록되는 순간이야. 집에 혹시 명패가 필요하니? 언니에게 연락해. 나무와 망치 들고 달려갈게!**

마라톤 대회

일 년에 한 번씩은 시에서 주최하는 마라톤에 출전하는 것도 재미있어. 우리처럼 평소에 운동을 꾸준히 하지 않는 사람들은 5㎞, 10㎞를 추천해. 나는 매년 10㎞에 출전했는데 약 한 시간 정도 달리면 골인점에 도착하곤 했어. 절반인 5㎞ 정도를 달리면 반환점이 있는데 그 순간 그대로 집으로 돌아가고 싶은 마음이 들어. 하지만 그 힘든 순간만 잘 이겨내면 신기하게도 내 의지와 상관없이 다리가 스스로 달리는 순간이 오더라. 그렇게 남은 코스를 달리다 보면 어느 순간 골인 지점이 눈앞에 보이기 시작하지. 그때부터는 출전한 선수들 모두가 젖먹던 힘까지 다해서 전력질주를 하는 순간이야. 터질듯한 심박수를 느끼고 나면 온몸에 도는 엔도르핀은 덤이지!

우리는 목표점이 너무 멀어서 보이지 않을 때는 힘들고 포기하고 싶다고 이야기를 해. 하지만 그 시간을 버텨낸 후 목표점이 보이는 순간 우리 자신도 몰랐던 더 큰 힘이 성취할 수 있도록 이끌어주기도 해. 그래서 우리는 내 안의 잠재력과 가능성을 믿고 오늘을 살아가야 하는 것 같아.

참! 내가 마라톤에 매년 출전했던 더 중요한 이유가 있어. 사실은 마라톤이 개최되는 장소 한 켠에는 주최 측에서 준비한 음식이 마련되어 있지. 함께 달린 사람들과 수육에 막걸리를 시원하게 들이키는 그 알싸하고 기분 좋은 순간을 상상해 봐!

어때? 한번은 해볼 만하지? 검색창에 지역 마라톤 일정을 검색하는 거야.

음악밴드, 버스킹

음악을 전공한 선배 부부가 있었어. 서로 배워가며 음악활동을 해보자는 마음으로 악기를 다룰 줄 아는 지인들이 함께 모여 팀을 만들었지. 어쩌다 보컬이라고 나는 노래를 부르게 되었어. 한 해, 두 해 연습의 결과로 우리는 지역에서 하는 행사 오프닝 공연을 하기도 하고, 길거리 버스킹을 할 때도 있었지. 그때 불렀던 노래가 크랜베리스(Cranberries)의 좀비(Zombie), 백만 송이 장미.

정말 다양한 장르의 음악을 듣고 알아갔던 시기이기도 해. 함께 활동했던 밴드 팀원들과 호흡을 맞춰 연습하는 과정이 쉽지는 않았어. 합주하는 시간을 조율하고, 서로의 음악 취향을 존중하고, 한 곡을 완성하기 위해 수십 번의 연습을 반복하며 공연을 준비했던 순간들. 그리고 관객과 함께 호흡하는 기분 좋은 공연의 맛!

돌아갈 수 없는 그 시간을 아쉬워하기보다는 그때의 나를 눈부시게 아름답고 빛났던 모습으로 기억하고 싶어. 너에게도 이런 아름다운 기억과 추억이 앞으로의 여정을 통해 가득 차길 바라는 마음이야.

직장인 해외연수

어느 날 직장인 미국견학 프로그램에 함께할 교육학 전공자를 찾는다는 소식을 들었어. 한 달간 외국 대학과 관공서, 공공기관,

박물관 등 다양한 장소를 견학하고 직무 담당자와 인터뷰할 수 있는 귀한 경험을 할 수 있는 기회가 주어졌어. 나는 너무나 간절하게 다녀오고 싶었지.

가장 먼저 내가 속한 기관장의 허락을 받아야 했어. 나는 무리수를 두어야 했지. '한 달여 시간의 공백이 문제가 되지 않도록 진행해야 할 사업을 모두 마무리하겠다. 그리고 연수를 허가하지 않는다면 사직도 불사하겠다.' 그만큼 간절하게 부탁드렸고 결국 미국 연수 프로그램에 무사히 다녀올 수 있었어. 물론 세 달에 걸쳐 진행해야 할 사업을 한 달 만에 모두 마무리하였지.

현지인들과 매 순간 소통하며 다양한 경험을 했던 그 시간을 잊을 수가 없어. 그 경험으로 나는 세 뼘 이상 성장했으니까. 그리고 무리수를 두어야 했던 나의 행동에 후회하냐고? 절대로 후회하지 않아.

언제나 나는 나의 신념에 따른 최선의 선택을 하려고 노력해. 그 선택은 나와 우리, 나아가 사회에 분명 도움이 될 거라 믿어. 무엇보다 결정에 따른 책임도 져야겠지.

정말 원하는 일이 생기면, 현실의 한계를 의식해서 미리 포기하지 말고 최대한 할 수 있다고 밀어붙여 보는 용기도 잘 놀고 잘사는 데 중요한 덕목이라 생각해. 걱정했던 것보다 수월하게 일 처리가 될 수도 있으니 도전해봐!

골프

지금은 골프를 시작했어.

딸, 엄마, 아내, 며느리, 직장인으로서 역할을 하며 예전처럼 놀기에는 시간이 조금 부족한 것 같아. 그래서 나는 잠을 줄이기로 했어. 모두가 잠든 그 시간, 새벽 5시에 일어나서 골프 레슨을 받으러 집을 나서고 있지. 새벽잠이 없어서 그런다고? 40년이 넘게 나는 야행성으로 살아왔던 사람인걸!

새벽 5시 눈을 뜨고 침대에서 일어나는 그 순간 깊은 고뇌에 빠지곤 해. 이대로 다시 눈을 감자! 감자! 감자! 그러다가 벌떡 일어나서 화장실로 달려가지. 그렇게 실천하기를 이제 4개월이 지나고 있어. 이제는 새벽 5시가 되면 자연스럽게 눈이 떠지고 몸이 일어나고 있어. 사람은 3개월, 90일 만 반복하면 몸이 자동기억을 한다는 연구결과가 이렇게 증명을 하네! 언니 믿고 무엇이든 시작해 봐. 3개월 뒤에도 여전히 하고 있다면 몰라보게 변화되고 성장한 너를 만나게 될 거야.

돈이 없어서, 시간이 없어서, 기회가 없어서, 내 성격이 소극적이어서, 퇴직하고 나면, 이러면, 그러면, 저러면… 이런 핑계 이제 그만하자!

가장 중요한 건 용기와 의지, 그리고 실행력이야! 지금 이 순간이 너의 삶에서 가장 젊고 아름다운 그리고 멋진 순간이라는 것을 꼭

기억해. 그리고 네가 설렘을 경험할 수 있는 무언가를 꼭 찾기를 그리고 누리기를 바라.

찬란하고 멋진 지금 이 순간을 함께하는
가장 소중한 너에게…

03

천원의 아침밥

전상준

‘천원의 아침밥’ 사업은 정부에서 대학생들에게 양질의 아침 식사를 천원(1,000)에 제공해 학생 식비 부담을 낮추고 동시에 쌀 소비를 확대하기 위해서 2017년부터 시작한 사업이다. 농림축산식품부 산하기관인 농림수산식품교육문화정보원에서 1,000원을 지원하면 대학이 나머지 비용을 지원하는 구조다. 학생들은 단돈 천원으로 쌀밥, 찌개, 3~4가지 반찬 등이 있는 아침 식사를 할 수 있다.

올해 전국 대학교의 ‘천원의 아침밥’ 사업 참여 신청이 증가했다. 정부는 늘어난 수요에 맞추어 참여 대학교를 41개로 확대하고 지원 인원을 68만 명으로 대폭 늘렸다고 한다. 2023년 농림축산식품부와 ‘천원의 아침밥’ 사업을 함께하는 41개 대학은 서울 · 경기 · 인천 11개교(서울대, 인천대 등), 강원 4개교(강원대, 상지대 등), 대전 · 충청 6개교(충남대, 순천향대 등), 대구 · 부산 · 울산 · 경상 12개교(경북대, 부산대, 포항공과대 등), 광주 · 전라 8개교(군산대, 전남대 등)이다.

대학생들은 저렴한 가격에 양질의 식사를 제공하는 ‘천원의 아침밥’ 사업을 반기고 있다. 2022년 설문조사*(28개교, 5,437명) 결과, ‘천원의 아침밥’ 사업이 ‘계속됐으면 좋겠다’라는 응답자 비율이 98.7%에 달했다. 아울러 ‘천원의 아침밥’ 사업을 통해 ‘아침밥의 중요성을 느꼈다’라는 의견도 91.8%였다. 이에 농림축산식품부는 대학별 재학생으로 구성된 서포터즈 운영을 지원하고 우수학교 · 서포터즈를 선정하는 등 적극적으로 사업을 홍보하고 있다.

---

* 농림축산식품부 식량정책관 식량산업과 보도자료(2023.3.20.)

농림축산식품부 전한영 식량정책관은 "천원의 아침밥 사업의 취지는 아침밥을 먹는 건강한 식습관 형성으로 쌀 소비를 늘리는 동시에 고물가 시대에 학생들의 식비 부담을 덜어주는 데 있다."라고 한다. "정부는 '천원의 아침밥' 사업을 지속 확대하는 등 세대별 맞춤형 쌀 소비문화 형성을 다각적으로 지원하여 쌀 소비 확대를 통한 쌀 수급 균형 유지에 최선을 다하겠다."라고 밝혔다.

아침 식사를 거르면 점심을 많이 먹게 되는데 이런 경우 공복에 대비해서 몸이 영양분을 피하지방으로 저장해서 비만의 위험이 더 커진다. 반면 아침 식사를 챙겨 먹으면 불규칙한 식사 습관을 방지하고 비만을 예방할 수 있다. 또 저작 활동으로 인해 두뇌가 자극되고 뇌에 충분한 에너지가 공급되면서 집중력과 기억력이 향상되어 학습 능력이 좋아질 수 있다고 한다. '천원의 아침밥' 사업으로 대학생들이 저렴한 가격에 부담 없이 아침 식사를 즐길 수 있다.

'천원의 아침밥' 사업은 여러 가지 측면에 많은 장점도 있지만 우리가 몇 가지 생각해야 할 점도 있다.

먼저 학생 측면이다. 천원의 밥상 아침 식사 이후 후식으로 대부분의 많은 학생들은 3,000원 이상의 take out 커피잔을 들고 강의실로 향한다. 식사는 정부 보조로 후식은 식사비보다 훨씬 비싼 커피값을 지불하고 나온다. 어딘가 본질이 숨어버린 것 같은 느낌을 받는다.

둘째, 사업의 명분과 의지가 빈약하다. 진정 대학생을 도우려면 아침 식사에만 그칠 것이 아니다. 쌀 소비 증대와 대학생 지원의 두 마리 토끼를 잡는다면 이용 학생이 훨씬 많은 점심 식사까지 확대하지 못할 이유가 없다.

셋째, 이용 학생이 미미하다. '천원의 아침밥' 사업이 최소의 예산으로 최대의 효과를 거두고 있다. 대학별 차이는 있겠지만 실제 하루 평균 이용자 수가 기껏해야 100명에서 200명 남짓에 불과하다. 규모가 큰 대학은 학생 수가 1만 명 내외이다. 이렇게 볼 때 이용 학생은 1~2%의 미미한 수준이다.

이왕 시작한 '천원의 아침밥' 사업이다. 호응이 큰 사업이 되어 대학생들이 끼니 걱정을 덜 했으면 좋겠다. 사람들이 끼니 걱정 등을 하지 않고 마음 편히 살게 해주는 삶이 진정한 정치의 근본이고 복지라고 생각한다. 먹는 것과 입는 것 등의 삶의 만족이 클수록 사업의 반응이 좋을 것이다.

04

내가 다시 초등학생이 되어도 여전히 뛰어놀 것이다

정두배

우리들의 교육 이야기

나는 대한민국 끝자락에 있는 전라남도 해남군 황산면 자그마한 마을에서 태어났다.

내 어린 시절을 회상해 보면 백 미터 앞에 펼쳐지는 시원한 바다와 뒤로는 나지막한 산들로 둘러 싸여 있는 작은 시골 마을이 떠오른다. 초등학교 때부터 즐겨 했던 놀이는 바다에서 갯벌 위를 질주하며 스케이트를 타는 것이었고 뒷동산에서 친구들과 전쟁놀이에 정신을 몽땅 빼앗겨 해가 지는 줄 모르고 뛰어놀았던 어린 시절 기억이 생생하게 남아있다. 어쩌면 당시에 TV에서 방영되었던 '전우' 드라마의 영향을 받은 것일지도 모른다.

나의 초등학교 시절에는 학생 수가 많아 오전반 오후반으로 나누어 수업을 진행하였다. 책상이 부족한 까닭에 의자에 의존할 수밖에 없었으며 주로 태양을 피해 나무 아래서 야외 수업을 했다. 물론 당시의 나의 학교생활은 공부하는 것보다 학교에 다니는 그 자체가 즐거웠다. 그리고 나의 초등학교 시절을 한마디로 정리하면 해가 지도록 마냥 뛰어놀았다.

쉬는 시간만 되면 모든 학생들이 운동장으로 밀물처럼 몰려나와 정신없이 뛰어놀았던 그 시절이었다. 특히 학생 수는 많고 운동장은 비좁은 관계로 학생들끼리 부딪히는 일들은 다반사였다. 그래도 당시의 모든 학생들은 이해심이 많았던 것 같다. 부딪쳐서 다치고 무릎이 깨져도 털털 털고 일어나 아무런 일이 없는 것처럼 열심히 운동장을 질주하며 뛰어다니며 다시 놀이에 빠져들었다.

그 당시에 나는 매우 개구쟁이였던 것 같다. 초등학교 동안에

통틀어 가장 인상 깊이 떠오른 것은 교장실에 불려가 회초리를 맞았던 기억이다. 물론 나의 성격은 온순하면서도 타인을 배려하는 타인 중심으로 살았던 것으로 생각한다.

교장실에 불려가 회초리를 맞은 사건은 이렇다. 당시에는 쉬는 시간만 되면 모든 학생들이 운동장 밖으로 나와 각 학년별로 삼삼오오 모여서 여러 가지 활동을 하면서 시간을 보낸다. 술래잡기, 땅따먹기, 말타기, 고무줄놀이 등의 놀이에 빠져 시간 가는 줄 모른다. 요즘처럼 초등학교 운동장에 잔디나 인조잔디를 깔았다면 놀기에도 위험하지 않았을 것이다. 하지만 당시에 운동장은 흙으로만 되어있기 때문에 바람이 불면 앞이 안 보일 정도로 흙먼지가 뿌옇게 날리지만 흙먼지가 우리의 놀이를 멈출 수 없었다. 왜냐하면 운동장에 뛰어노는 자체만으로 우리는 행복했기 때문이다.

개구쟁이인 나는 여학생들이 고무줄놀이를 하는 곳곳마다 뛰어다니며 모든 고무줄을 끊고 다니는 방해꾼 노릇을 자처했다. 이런 결과로 나와 함께 했던 친구는 교장실에 불려가게 되었고 따끔한 회초리를 맞았던 기억이 난다. 하지만 그때 가장 인상 깊었던 것은 따끔한 회초리가 하나도 아프지 않았다는 것이다. 교장 선생님께서는 우리에게 “다시는 이런 일로 학생들을 괴롭히지 마라.”라고 하시면서 부드럽게 타일렀다.

당시의 초등학생들에게 선생님은 신적인 존재처럼 여겨졌다. 교장 선생님은 우리에겐 매우 무서운 존재로 인식되어 있었으나 인자한 모습으로 우리를 훈계하셨던 따뜻한 교장 선생님이 그립도록 생각이 난다. 그렇다면 왜 그 당신에 우리는 선생님을 신적인 존재로 생각했을까? 대부분의 초등학생들은 선생님들은 화장실에도 가지 않는 사람으로 생각했다. 화장실에서 선생님을 만나면 너무나 어색했기 때문이다.

선생님을 신비한 분으로 생각할 수밖에 없었던 것은 선생님은 모르는 것이 없는 분이라고 생각했기 때문이다. 당시에는 유치원이 없었기 때문에 바로 초등학교로 진학하던 시절이었다. 그동안 궁금했던 것들을 이제 초등학교 선생님들을 통해 하나하나 해결해 나가는 것이 얼마나 재미있었는지 모른다. 우리의 궁금증을 바로바로 해결해 주는 척척박사가 바로 초등학교 선생님이셨기 때문이다. 우리는 선생님을 존경할 수밖에 없었고 선생님을 위대한 분으로 바라볼 수밖에 없었다. 특히 초등학생 당시에는 신체적으로 작았기 때문에 모든 선생님들을 바라보는 눈에 더욱 위대하게 보일 수밖에 없었을 것이다.

하지만 오늘의 교육 환경에서 선생님들은 어떻게 인정을 받고 있는가? 단지 가르치는 사람으로 나의 성적을 높여주는 분으로만 생각하고 있지 않은가? 학생이 필요할 때는 선생님이고 그렇지 않을 때는 남보다 못한 존재로 생각하는 현 시대적 상황은 과거 나의 초등학교 시기와 비교해 보았을 때 너무 마음이 아프다.

그때의 상황이나 현재의 상황에서 선생님의 역할 측면에서 바라볼 때에 선생님들의 근본적인 역할은 변함이 없다. 학생들을 정신적으로나 육체적으로 건강하게 성장하도록 지원하는 역할을 수행하기 때문이다. 당시의 선생님들은 많은 학생들을 관리할 수밖에 없다. 이 모든 관리는 수작업을 통해 이루어졌다. 오늘날에는 정보기술의 발달로 컴퓨터나 각종 데이터베이스를 통해 학생들을 쉽게 관리할 수 있다는 장점이 있지만, 시대가 지나고 환경이 바뀌어도 선생님들의 근본적인 정체성에 변함이 없음을 우리는 인정해야 한다.

그렇다면 왜 오늘날 학교의 환경이 지속적으로 암울해지고 교사와 학생 간, 학생과 학생 간, 교사와 학부모 간에 대립과 갈등이 존재하는 까닭은 무엇일까? 이 문제의 핵심은 선생님을 신뢰하지 않는 데서 출발한 것 같다. 우리 어린 시절에는 모든 부모님이 선생님을 존중할 뿐만 아니라, 선생님에 대해 자신의 아이를 순수하게 맡길 수 있는 분으로서 신뢰성을 가지고 있었다. 부모님 스스로는 자기 자식을 가르칠 수 없지만 선생님이 자신의 아이들을 육체적으로 정신적으로 건강하게 성장시켜 줄 것을 믿었다. 물론 오늘날 대부분의 부모님도 그렇게 하고 계신다.

하지만 오늘날 부모님들의 대부분이 고학력이라는 이유로 선생님을 의지하기보다는 자신들이 계획한 방법으로 자녀들을 양육하기 때문에 선생님들을 신뢰하는 것이 아니라, 결국 부모님들이 세워 놓은 교육적 방법과 절차에 더 비중을 두고 있는 것 같다.

학생에 대한 이해와 평가는 그 학생을 지도하고 가르치는 선생님이 가장 잘 이해할 수 있다. 학생에게 어떤 문제가 발생했을 경우, 가장 먼저 우리 자녀를 지도하고 가르치는 선생님과 연합하여 문제의 해결점을 찾아내야 한다. 부모님들이 가지고 있는 생각과 방법으로 문제를 해결하려는 것이 아니라, 선생님과 함께 고민하고 문제를 풀어갈 때, 더 효과적인 방법과 대안을 찾을 수 있는 것이다.

그러므로 오늘의 학교 교육은 학생이 중심적 역할을 하도록 하고 교사와 학부모, 그리고 학교의 행정적 지원을 받아 학교 교육이 이루어지도록 해야 한다. 즉, 한 학생이 앞으로 사회인으로서 역할과 책임을 다할 수 있는 능력을 갖추도록 모두가 지원하는 역할을 통해 학생이 독립적으로 학생의 신분으로서 자신의 역할을 다 할 수 있도록 환경을 조성해야 한다.

현재는 과거보다 교육시설과 교육 운영체계 등이 그 어느 시대보다 더 발달 되었고 학생을 지원하는 체계도 더 높아졌다. 문제는 학교와 교사들이 성과를 더 중요하게 생각하기 때문이다. 학생 개개인이 육체적으로나 정신적으로 건강하게 성장하도록 하는 기준에서 점점 더 높은 성과에 초점을 맞추다 보니 학교 교육이 학생 중심에서 학교의 성과 중심으로 흘러간 것 같다.

나의 어린 시절에는 버스가 그리 많지 않았기 때문에 비포장도로를 30~40분 걸어서 등·하교를 하였다. 학교에 갈 때와 올 때는 같은 마을 친구들과 삼삼오오 짝을 지어 이야기하고 웃다 보면 등·하교 시간은 그렇게 힘들지 않았다. 초등학교 6년을 걸어서 학교에 다니는 동안에 나는 육체적·정신적으로 매우 건강했다고 자부하며 등하굣길에 친구들과 함께했던 시간들은 우정의 통로가 되었다.

오늘날 교통의 발달은 편리함을 주었던 대신에 친구들과의 대화를 단절하는 환경을 만들었고 이런 결과는 친구관계 속에서 상대를 이해하는 능력 부족으로 친구관계가 어색할 뿐만 아니라, 자신의 이익을 위해서만 관계를 맺어가는 것 같다. 학교생활에서 친구관계는 자연스러운 본인의 노출과 스스로 다가와 함께 하는 관계가 이루어질 때에 서로의 오해를 해결하고 이해하는 방향으로 갈 수 있는 것이다.

지금까지 나눈 나의 초등학교 시절 시간들은 그 무엇과도 바꿀 수 없는 가장 소중한 추억으로 자리매김하고 있다. 그 시절엔 너무 어려서 나의 생활에 대해 모든 것들을 이해할 수 없었지만, 오늘의 나의 모습은 그 어린 시절의 풍성한 경험들이 있었기에 지금의 내가 존재하고 있으며, 지금의 소중한 추억이 되지 않았나 생각한다. 초등학교 때 정신없이 누비고 뛰어다녔던 다양한 경험들은 지금의 내가 말하고 결정하고 행동하는 데 매우 중요한 자료가 되고 있다.

초등학교 시절은 과거이면서 나의 일생의 한 영역이지만 초등학교의 다양한 추억은 나를 건강한 시민으로서 살게 하였고 지금은 대학교라는 교정에서 강의를 하는 교수가 되었다. 오늘날 초등학생들은 성적 때문에, 보다 나은 중·고등학교와 대학 진학 때문에 마음껏 뛰어놀 수도 없는 우리나라의 교육 현실을 보며 참 측은하고 애틋해 보인다.

학생들을 위한 더 질 높은 교육이 있다고 하더라도 학생들이 마음껏 뛰놀고 느끼고 체험할 수 있는 환경은 나의 경험적 사고에서 매우 중요한 것 같다. 함께 아무런 대가(代價) 없이 그냥 순수하게 뛰고 놀았던 경험들은 내가 사회인으로서 활동하는 데 많은 정보를 준 것 같다. 직접 배우지 못했던 인간관계의 기술, 그리고 다양한 갈등이 발생했을 때, 자연스럽게 해결하였던 경험들은 나를 더욱 사회인으로 만든 것 같다.

내가 초등학교 시절에 공부보다도 마음껏 뛰놀고 다양하게 경험했던 것들은 그 무엇보다도 중요한 가치로 자리매김하고 있다. 따라서 내가 다시 초등학교 시절로 되돌아가더라도 나는 여전히 흙먼지 휘날리는 운동장에서 지칠 줄 모르게 뛰어놀면서 다양한 경험, 다양한 느낌을 맛볼 것이다.

빠르게 흘러가는 시대 속에서도 공부와 진학에 빠져 지쳐가는 초등학생들에게만큼은 이제 잠시 여유를 가질 수 있는 그런 환경을 제공해 주어야 하지 않을까? 자연 속에서 마음껏 뛰놀고 즐기며 풍성한 생각을 머리에 담을 수 있는 환경을 초등학생들에게 허락해야 하지 않을까? 학업으로 숨 막혀 정신을 잃어가는 삶에서 신선한 공기와 영양분을 제공받을 수 있는 환경이 그 어느 시기보다 중요한 때인 것 같다.

05

공부에 대한 도전과 나의 삶

김회엽

공부의 어원을 살펴보면, 한자어 '공부'는 어원상 '무엇을 도와 성취한다.'라는 의미를 지니고 있다. 이 말은 무엇인가를 이루어 내기 위해 노력하는 모든 활동을 뜻한다. 일상생활 속에서 구체적인 일에 대하여 자신의 능력을 최대로 발휘하기 위한 노력의 과정으로 이해할 수 있다. 이러한 측면에서 공부는 단순히 지식을 얻고자 노력하는 데에만 그치지 않고 기술을 습득하기 위해 애쓰거나 몸과 마음을 갈고닦아 인격을 수양하고자 노력하는 것을 모두 포함하고 있다.

공부를 해야 하는 이유를 교육의 내재적 목적의 관점에서 살펴보면, 무엇보다 먼저 앎의 즐거움과 보람을 얻기 위해 인류가 쌓아 온 지식을 습득하는 과정에서 즐거움을 얻을 수 있으며, 공부 자체를 통해 보람도 느낄 수 있다. 고대 그리스의 과학자 아르키메데스가 부력의 원리를 발견하고 나서 "유레카!"라고 외치며 기뻐한 것처럼, 우리도 고민하던 문제를 풀거나 새로운 사실을 알게 되었을 때 큰 희열과 보람을 느낀다.

다음으로, 자신의 꿈을 실현하기 위해 공부를 한다. 공부는 자신의 부족한 부분을 채워주고 능력을 키워 준다. 공부를 할 때에는 학교 성적이나 높은 학력에만 관심을 갖지 말고 학력을 쌓으려고 노력해야 하며 그 과정에서 스스로의 능력을 확인하고 키움으로써 우리는 자신의 꿈에 한층 더 다가갈 수 있다.

셋째, 올바른 인격을 형성하기 위해서이다. 배움의 과정에서 자신의 삶을 되돌아보고, 사람으로서의 바른 도리와 가치를 추구하려고 노력한다. 공자의 '위기지학(爲己之學)'은 자기 자신의 덕을 닦기 위하여 공부를 해야 함을 이르는 말로, 남에게 보여주기 위해서나 자신의 출세를 위하여 공부를 하는 것이 아니라 자신의 올바른 인격을 형성하기 위해 공부를 해야 한다는 뜻이다.

넷째, 사회에 공헌하기 위해서 공부를 한다. 훌륭한 업적을 남긴 위대한 인물은 대부분 개인의 성공을 위해서가 아니라 사회에 공헌하기 위하여 공부를 했다. 일본에서 활동하던 우장춘 박사는 1950년에 조국의 식량난을 해결하기 위해 귀국했고 그 후 우리나라의 농업 발전을 위해 평생 동안 연구에 몰두했다.

학생으로서 가장 중요한 일인 공부를 하는 이유를 명확히 알아야 한다. 공부를 통해 자신의 성장과 행복을 이루어야 하고, 더 나아가 사회적인 발전까지 이룰 수 있도록 노력해야 한다(정창우 외, 2009: 73–76)*.

우리나라는 전통적으로 학력(學歷)을 중시하는 사회로 그동안 미뤄두었던 나의 공부에 대한 애정과 욕구 때문에 마흔두 살에 야간대학에 입학하였다. 이렇게 하여 시작한 공부는 생업을 함께하면서 많은 어려움과 생각하지 않은 도전들과 마주하게 되었다. 2년간의 전문학사 과정을 마치고 또 다른 도전으로 4년제 대학에 편입하여 2008년 2월에 학사과정을 마무리하였다.

---

* 정창우 외(2009). 중학교 도덕2. 미래앤출판사. 73-76.

늦은 나이에 시작했지만 학문에 대한 열정을 멈추기에는 아직 많은 아쉬움이 남아 일반대학원에 진학하였다. 교육학과 대학원 석사 학위를 마치고 관련 자격증으로 공공기관에 전문직으로 취업을 하였다. 그 후 바로 동학과 박사과정을 수료하였다. 직장생활을 하면서 공부를 하기란 쉽지 않은 과정이었지만 먼저 공부를 시작한 여러 지인들의 의견을 듣고 나누면서 무사히 석·박사과정을 마칠 수 있었다.

이야기로만 들었던 대학원의 교육학 영역은 열정만 가지고 도전하기에는 어려움이 너무 많았다. 학부 수업과는 너무 다른 소수로 주제에 대한 토론과 발표 수업방식은 나에게 사물을 보는 관점과 접근 방식 등을 변화시켰다. 2004년부터 시작한 공부는 10년 동안 지속적으로 이루어지면서 관련 자격증을 하나하나 취득하게 되었고 주변의 많은 지인들과 함께 교육학 관련 저서도 여러 권 출판하였다.

또 13여 년을 공직 생활에 하고, 2023년 6월에 정년퇴직하였다. 그 후 2개월 반의 퇴직 생활의 여유를 만끽하고, 현재는 관련 자격증과 경력으로 다시 다른 공공기관에서 근무하고 있다. 퇴직 후 또 다른 기회가 주어져 매우 기뻤으며, 정말 운이 좋다고 생각하면서 항상 뭔가 준비를 하고 있으면 기회는 다시 찾아온다는 것을 느꼈다. 학력을 중시하는 우리 사회에서 끊임없는 도전으로 지금에 '나'라는 사람이 성취감을 이루었듯이 100세 시대인 지금의 사회의 많은 사람들이 또 다른 삶에 도전하는 데 용기를 가졌으면 한다.

06

나의 국가대표 선수 시절

김영빈

1. 태릉선수촌에 입촌

필자는 초등학교 시절은 육상, 중학교 시절에는 씨름 선수로 다져진 체력으로 고등학교부터 레슬링을 시작하였다.

1977년 1월에는 레슬링 국가대표선수로 선발되어 태릉선수촌에 입촌하게 되었다. 선수로서 국가대표 선수가 된다는 것은 최고 영광이었고 자부심을 느끼는 순간이었다.

태릉선수촌은 종합운동장, 실내체육관, 헬스장, 수영장, 빙상장, 호텔식 숙소, 식당 등 모든 시설이 최고의 수준이었다. 남자들의 숙소는 전진관이었고 여자들의 숙소는 영광의 집에서 휴식을 취할 수 있도록 하였다. 입촌을 하고 4명이 사용하는 방으로 배정을 받았는데, 1976년 제21회 캐나다 몬트리올 올림픽에서 해방 이후 최초로 올림픽에서 금메달을 획득한 양정모 선수가 우리 방에 방장으로 배정되어 같이 생활하면서 많은 교훈을 얻기도 하였다.

올림픽 금메달리스트 양정모 선수와
태릉선수촌에서(좌측이 필자)

당시 태릉선수촌은 1976년도 몬트리올 올림픽을 마치고 새로운 대표선수들을 구성하는 시기이기 때문에 각 경기단체별로 물갈이가 한창이었다. 오랫동안 선수 생활을 마치고 은퇴를 하는 노장 선수들과 새로 떠오르는 신진선수들이 교차하는 시기였다. 당시에 이름이 있는 국가대표선수로는 복싱에 황충재 · 우광식 · 박찬희, 유도에 장은경, 육상에 백옥자, 수영에 조오련, 농구에 박찬숙, 배구에 강만수 · 이인 · 조혜정, 축구에 차범근 · 허정무 등 내로라하는 한국의 최고 선수들이 입촌해서 같이 훈련을 할 수 있었다.

2. 태릉선수촌에서 생활

레슬링 국가대표 선수를 지도하신 분들은 총감독 및 자유형 감독은 정동구(한국체육대학교 총장 근무 후 퇴임), 그레코로만형 감독은 김익종(대한주택공사 근무 후 퇴임), 신상식(미국에 이민) 이상 세 분이 우리 선수들을 지도해 주었다.

태릉선수촌에서 하루 훈련 시간은 아침에는 전체 국가대표 선수들이 모여서 가벼운 체조나 스트레칭을 하고 공지사항을 전달한 다음 각자 운동 종목별로 자체 운동을 한다.

레슬링 선수들의 아침 운동은 주로 체력운동을 하는데 비교적 훈련 강도를 심하게 시행하는 편이다. 아침 운동 중에 제일 힘든 운동은 400m 달리기이다. 육상선수들도 가장 어려운 종목이라고 하는데 1분 안에 도착하지 않으면 계속 달려야 해서 이 운동을 할 때는 거의 기진맥진해진다.

그리고 어떨 때는 양손에 경량급은 15kg, 중량급은 20kg 바벨을 쥐고 400m를 뛰는 훈련이 있는데, 도착지점에 오면 손이 마비되면서 거의 바벨을 두 팔에다 들고 올 정도로 힘이 드는 훈련이었다. 또한, 체력훈련 과정에 철봉 차오르기와 백핸드를 하는 순서가 있었는데, 나는 잘되지 않아 아침을 먹지 않고 숙달이 될 때까지 연습했던 기억들이 생각난다.

오전 운동은 주로 체력을 기르기 위해 헬스장에서 웨이트, 써키트, 인터벌 트레이닝 등과 여름에는 수영, 10m 다이빙, 겨울에는 스케이트, 산악 훈련 등을 연습했었다. 그리고 오후 운동은 통상적인 기술훈련으로 오후 3시부터 6시까지이다. 당시 필자는 막내선수였기 때문에 동기들과 같이 제일 먼저 레슬링 체육관에 가서 선배들이 올 때까지 청소도 하고 운동을 할 수 있는 준비를 하였다. 저녁 운동은 식사 후 자유스럽게 개인별로 상·하체 보강훈련을 하면서 부족한 체력을 기르기도 하였다.

토요일에는 각 종목별 전체 국가대표선수들이 모두 모여 불암산으로 크로스컨트리를 하는데, 도착할 때 첫 주자가 복싱부보다 늦게 도착하면 별도로 특수훈련을 받기도 하였다. 이때 얼차려를 받을 때가 가장 힘들고 고통스러웠다. 얼차려가 끝나면 샤워를 하고 일요일 오후까지 외출하는데, 선배들은 외출하면서 후배들에게 빨랫감을 던져주고 가기 때문에 후배들은 빨래를 다 하고 나서 오후 늦게 외출하는 편이다. 흔히들 태릉선수촌은 창살 없는 감옥이라고 할 정도로 힘들었던 선수 생활이었지만 그래도 가장 보람이 있었고 어려움을 이겨내는 좋은 계기가 되었다.

3. 일본 전지훈련

국가대표 선수 시절에 겨울철이 되면 매년 일본 도쿄에 있는 국사관대학교(国士舘大学, 고쿠시칸대학)로 전지훈련을 갔었다. 기숙사에서 휴식을 취하고 주로 국사관대학교 레슬링부들과 합동훈련을 실시하면서 와세다대학교(早稻田大學), 일본 체육대학교, 육상자위대 레슬링팀과 친선경기를 갖기도 하였다.

일본 국사관대학교는 올림픽에서 메달을 많이 획득한 명문 레슬링 대학교이다. 우리나라 국가대표선수들이 기후나 환경이 비슷해서 전지훈련 장소로 매년 가는 곳이기도 하다. 가끔은 일본 전지훈련 중에 우리 대표선수단은 주말에 피로를 풀 겸 도쿄 인근에 있는 하코네유모토 온천으로 가기도 하였다. 신주쿠역에서 하코네유모토역까지 로망스카로 가는 시간은 약 1시간 40분 정도 소요되는 곳이다. 기차를 타고 가다 보면 산 중턱에 유독 흰 연기가 모락모락 올라오는 마을이 보이는데 그곳이 하코네였다. 이곳은 천연 온천이 풍족하게 나오는 곳이라 물 좋고 온천시설이 아주 잘 갖추어진 곳이기도 하였다.

일본 전지훈련 중 레슬링 국가대표 선수들과 함께
(앞줄 중앙이 필자)

당시에 필자는 레슬링 자유형 74kg(웰터급)으로 선수 생활을 하였다. 뒷줄 좌측 첫 번째가 해방 후 최초로 1976년도 제21회 몬트리올 올림픽에서 레슬링 자유형 62kg(페더급) 금메달을 획득한 양정모 선수이고 뒷줄 좌측 두 번째는 1984년 제23회 로스앤젤레스 올림픽에서 레슬링 자유형 68kg(라이트급) 금메달을 획득한 유인탁 선수이다. 유인탁 선수는 2022년부터 진천국가대표선수촌 촌장으로 재직 중이다.

일본육상자위대 레슬링 선수들과 친선게임을 마치고

전지훈련 중에 육상자위대 내에 있는 레슬링팀과 친선게임을 하기도 하였다. 그런데 고교 시절에 가고시마에서 시합했던 가고시마 공업고교 출신 선수 2명이 일본육상자위대에서 근무하고 있어서 너무 반가웠던 기억들이 생각이 난다.

알고 보니, 운동으로 다져진 체력으로 대학 진학보다는 직장을 구하기 위해 육상자위대에 입대해서 직업군인으로 근무를 하게 되었다고 한다.

4. 1977년도 세계레슬링선수권대회 출전

1977년도 7월은 세계레슬링선수권대회에 국가대표로 라스베이거스에 출전하게 되었다. 라스베이거스는 네바다주에 있는 사막지

대에서 세워진 도시이다. 미국인들도 사람이 태어나면 라스베이거스와 하와이에는 꼭 가봐야 할 곳으로 유명한 곳이기도 하다. 라스베이거스를 가면 세 번 놀랜다고 했는데, 첫 번째는 도박을 합법적으로 할 수 있는 도시이고, 두 번째는 밤에 화려하고 멋진 네온사인을 볼 수 있고, 세 번째는 세계적 수준의 쇼를 볼 수 있기 때문이었다. 여기에서 세계레슬링선수권대회가 개최되었다.

우리나라 선수는 7명이 출전했는데 가장 중량급인 필자가 세계적인 선수들과 대결하여 4위의 쾌거를 올리게 되었다. 시합이 끝난 후에는 다음 대회를 준비하기 위해 우리 대표단 일행은 약 한 달간 미국 전역에 순회하면서 전지훈련을 실시하였다.

라스베이거스에서 시합 전에 입장식에 참가했던 모습
(앞에서 세 번째가 필자)

주로 중남부지역 여러 개의 주에서 전지훈련을 하였는데, 역시 미국은 모든 체육시설이 잘되어 있었고 어디를 가든 쉽게 운동을 할 수 있는 여건이 갖추어져 있어 부러움을 느끼게 되었다.

그리고 전지훈련 중에 체육관에서는 새로운 운동을 보았는데, 체조 같기도 하고 무용 같기도 한 종목으로 음악을 틀어 놓고 리듬에 맞추어서 율동적인 운동이었다. 이후 우리나라에서 에어로빅이란 이름으로 보급되기도 하였다.

또한, 애리조나주 피닉스시에는 전남 출신 장경무 감독이 레슬링체육관을 운영하고 있었다. 장경무 감독은 세계레슬링대회에서 3위로 입상했던 경력이 있는 분인데, 미국에서 체육관을 운영하면서 정착하는 과정에서의 어려움과 성공했던 경험담을 이야기해주곤 하였다.

5. 전국체육대회 대표선수 선서

1977년도 제58회 전국체육대회에서 선수대표 선서를 하는 모습

나는 태릉선수촌에서 훈련 중에 제58회 전국체전에서 각 시도 선수단을 대표해서 참가했던 선수들을 대표로 선서를 할 수 있는 영광을 얻게 되어 일생에서 최고의 감격스러운 기회를 얻게 되었다. 대한민국의 체육계에 이름있는 경쟁자들과 많은 경합을 벌였으나 필자가 당당하게 선수대표로 최종 선택되었다. 운동선수 시절에 잊지 못할 가장 자랑스러운 순간으로 큰 업적을 남긴 쾌거로 기억하고 있다.

선서 전문은 "제58회 전국대회에 참가한 우리 선수 일동은 대회 규정을 준수하고 정정당당히 경기에 임할 것을 엄숙히 선서합니다." 당시 선수와 임원이 12,000명이 참가하여 역대 최고의 전국 체육대회로 기록되었다.

6. 모스크바 올림픽 보이콧

1979년 태릉선수촌에서 훈련 중에 우리나라를 비롯한 자유 진영 국가들이 1980년 모스크바 올림픽을 보이콧이 확정되었다는 소식을 듣고 국가대표 선수들은 무척이나 실망이었고 좌절감에 빠졌다.

사실 레슬링 경기는 매년 규칙이 조금씩 변형이 되면서 스탠드 기술과 그라운드 기술의 점수가 새롭게 적용되는 경우가 많다. 모스크바 올림픽에서 적용하는 규칙은 내가 잘 쓰는 특기 기술이기 때문에 출전을 했다면 메달 획득에 자신감이 있었다.

그러나 기대했던 꿈은 사라지고 계속 운동해야 할 것인가 아니면 포기를 할 것인가 진로 문제로 깊은 고민에 빠지게 되었다. 운동선수로 국가대표가 되는 것이 쉬운 일이 아니지만, 국가대표가 되어도 올림픽에 출전하지 못하면 모든 꿈이 사라지는 현실이 안타까웠다. 다시 운동선수로서 4년을 기다린다는 것은 현실적으로 군대 문제가 남아 있기 때문에 어려움이 많았다.

대학을 졸업하고 군대에 사병으로 가기에는 너무 늦은 것 같아 마침 ROTC 선발에 나이가 마지막으로 해당하여 ROTC로 군대에 가기로 선택을 하게 되었다. 이후 군 생활을 마치고 고교에서 교편생활을 하면서 레슬링 지도자로 활동을 하다가, 실력을 인정받아 대학교수가 되어 보람 있는 36년간의 교직 생활로 영예로운 퇴직을 하게 되었다.

07

나의 대학 생활과 진로 찾기

서동기

우리들의 교육 이야기

대학 생활은 많은 사람들에게 새로운 경험과 도전의 기회를 제공한다. 나의 대학 생활을 통해 겪은 다양한 감정과 경험을 담아내어 독자들과 함께 공유하고자 이 글을 쓰고자 한다. 대학 생활은 개인의 성장과 발전, 진로를 위한 중요한 시기이므로 이 글을 통해 나 자신을 되돌아보고자 하는 시간을 갖고자 한다.

나의 대학 생활은 1996년 3월에 시작되었다. 고등학교 막 졸업하고 처음 대학 생활에 무엇을 어떻게 해야 할지 몰라 허둥대는 모습이 떠오른다. 처음 대학에 가니까 강의시간표를 선배들에게 받았는데 너무 공강 시간이 많았다. 고등학교에서는 수업시간이 오전 8시부터 오후 6시까지 편성되었는데 대학은 월요일부터 금요일까지 지그재그로 강의 시간이 편성되어 있었다. 나는 이 시간들을 어떻게 보낼까라는 생각을 많이 했다. 그리고 친구들을 보니까 수업 끝나면 당구장, 집, 도서관, 동아리 등을 가는 것 같았다. 나는 집이 멀어서 수업이 끝나고 학과 사무실이나 동아리방에서 대부분의 시간을 보내었다.

여기에서 예비대학생들에게 해주고 싶은 말은 대학생이 되면 공강에 대한 시간 관리에 대해 생각하고 어떻게 보낼 것인지 대해 미리 생각했으면 좋겠다. 지금 생각해보면 나는 너무 그 시간을 무의미하게 보낸 것 같다. 요즘 MZ 세대들은 알아서 자기 시간을 잘 보낼 거라고 생각하지만, 대학 강의실에서 만난 학생들에게 물어보면 아직도 나와 같은 생각을 하는 학생들을 만나곤 하는데,

지금도 똑같구나 하는 안타까운 마음이 들었다.

시간 관리는 내 시간을 체계적으로 관리함으로써 내가 원하는 목표에 효과적으로 달성할 수 있도록 도와주는 기술이라 생각한다. 중·고등학교 학창시절에 비해 자유시간이 훨씬 많을 뿐만 아니라 다양한 활동을 하게 되는 대학 생활에 있어서 시간 관리는 매우 중요하다. 시간 관리를 할 때 팁을 적자면 먼저 목표와 우선순위를 정하고, 그 우선순위에 따라 계획을 세우고 실천하면 시간을 좀 더 체계적으로 관리할 수 있다고 생각한다.

나는 사범대를 다니면서 졸업하면 무조건 교사라는 직업을 선택해야 한다는 생각이 지배적이었다. 그래서 6번의 임용고시를 보았다. 그런데 지금은 대학에서 대학생을 가르치는 시간강사를 하고 있다.

임용에 합격하기 위해서 대학 3학년부터 방학 때마다 서울 노량진 학원에 가서 공부하였다. 결혼하기 전까지 열심히 준비했지만 다 떨어지고 나니까 허망하고 삶에 대한 의지가 없었다. 2006년 그해 아버지는 정년퇴직 전 맏아들인 내가 결혼을 하기를 바라셨고 직업이 없는 상황이었지만 교제하던 지금의 배우자와 결혼을 해야 하는 상황이 되었다. 이후 가장으로서 더 큰 책임감을 가지고 나의 진로에 대해 더욱 깊은 고민을 하게 되었다. 학과 조교로서 근무하며 임용고시 준비, 대학원 졸업까지 무사히 마칠 수 있었던 전화위복의 계기가 되었다.

나는 교사라는 직업에 대해 다시 생각해 보았다. 내가 가르치는 것이 좋아서 하는 것인지 직업으로 교사를 하고 싶어서 하는 것인지 대해 생각한 결과, 나는 가르치는 것이 좋아서 교사라는 직업을 선택하고자 하였다. 그런데 다시 생각해 보니까 가르치는 것이 좋다면 교사가 아니라 학원 강사, 시간강사 등 여러 가지 직업들을 생각할 수 있었다. 그래서 나는 2010년부터 대학에서 운 좋게 시간강사를 하게 되어 지금까지 하고 있다. 첫 수업을 생각하면 많이 떨리기도 하고 어떻게 수업했는지 모르겠다. 첫 수업할 때 첫 질문이 학생들에게 왜 교사가 되고 싶은지에 대해 물어보았다. 그러면 학생들은 정년보장, 공무원 연금, 장래희망이 교사, 부모님 영향 때문에 등 이야기를 한다. 나는 교사라는 직업은 소명 의식을 가지고 봉사하는 직업이라고 설명하면서 마지막으로 가르치는 것을 좋아한다면 교사 말고도 다른 직업들이 있다고 설명해준다. 그 이야기를 듣는 학생들은 처음에는 의아하면서도 다른 길도 있구나라는 생각을 하게 된다.

여기에서 예비대학생 및 대학생들에게 해주고 싶은 말은 대학 생활을 하면서 많은 경험을 통해 자기 진로에 대해 생각하고 찾았으면 좋겠다는 생각이 든다. 내 대학 생활 첫 사회경험은 일용직 건설노동자였다. 그때는 심적으로 힘들어서 잊으려고 일용직 건설노동자 일을 선택했다. 그리고 그게 처음이자 마지막 대학 생활에서 사회경험이었다.

요즘 대학생들을 보면 많은 사회경험과 함께 자신이 좋아하는 일에 적극적으로 도전해 나가는 모습을 보면 부러울 때가 많다. 나는 왜 그때 그렇게 못 했을까? 하는 자책을 하곤 한다. 난 지금도 내 진로에 대해 많은 생각을 한다. 이 일이 정말 나한테 맞는 것인지 아니면 어쩔 수 없이 하는 것인지? 나 자신에게 묻곤 한다. 정답은 없다. 하지만 정답을 찾기 위해 노력하는 과정은 필요하다고 생각한다. 그 노력하는 과정을 통해 내 진로에 대해 명확하게 알게 되고 찾을 수 있기 때문이다.

대학 생활은 많은 도전과 어려움을 겪지만, 그 과정에서 더 큰 성장과 발전을 한다고 나는 생각한다. 대학 생활은 일시적인 시기일지라도, 그 경험과 교훈은 평생 가치가 있다. 이 글을 통해 독자들도 함께 대학 생활의 아름다움과 가치를 느끼면 좋을 것 같다. 나도 글을 쓰면서 다시 대학 생활을 한다면 내 진로는 어떻게 바뀔 것인지 대해 재미있는 상상을 해 본다. 내 지금 심정은 나 다시 돌아갈래!!

08

독서와 함께한 나의 인생

조창영

우리들의 교육 이야기

필자는 전라남도 순천시 주암면 복다리 299번지(월평 마을)에서 7남매 중 2남으로 태어났다. 그 당시 필자가 태어난 주암면은 옥천 조씨 자자일촌(자작일촌, 自作一村)의 '깡촌' 중에서도 '깡촌'이었다. 그래서 이웃집 친구들이 모두 그러듯이 하교 후 집에 돌아오자마자 소먹이 풀을 베러 나가거나, 들판에서 친구들과 어울려 뛰어노는 것이 일과였다.

지금 생각하면 초등학교 4학년 시절은 나의 인생의 변곡점이었다. 교실 뒤편에 학급문고가 필자의 인생의 변화를 가져왔다. 3학년 때까지는 하교 후 집에 들어오자마자 책 보따리를 마루에 던지고 자연 속으로 돌진하여 소먹이 풀 베고, 갈쿠리(갈고리)로 소나무 낙엽을 모아 땔감으로 사용했다. 대나무를 활용하여 '활', '딱총', '스케이트', '썰매', '도롱테(굴렁쇠)' 등을 만들어서 놀았다. 4계절에 따라 농사일이 다르듯 하는 일, 노는 일도 달랐다. 자연은 나의 모든 것이었고 위대한 스승이었다.

그러나 4학년 시기는 나의 인생 변곡점이었다. 매일 교실 뒤편에 있는 학급문고를 뒤져서 관심이 가는 책들을 닥치는 대로 읽었다. 지금도 기억에 남는 책은 '엄마 찾아 3만 리', '플란다스의 개', '암굴왕', '빠삐용(Papillon)', '성냥팔이 소녀' 등등 100여 권 이상의 책들을 호롱불을 밝히며 때론 어린 감수성에 눈물을 흘려가며 독서 삼매에 빠져들었다. 책은 주암면이라는 좁은 공간에 갇혀있던 나에게 시공을 초월하는 위대한 스승이 되었다. 한마디로 교과서를 뛰어넘는 다양한 책들이 나에게 독서의 즐거움을 알려주었다.

초등학교 6학년 때 중학교 입학시험에 합격하기 위해 밤 10시까지 보충수업과 야간 자율학습을 했다. 그 당시 '광주서중', '순천중', '주암중', '비진학'의 네 가지 선택의 길이 있었다. 가난한 친구들이 대부분이었고 중학교 입학도 하지 못하고 부산으로, 서울로 공장 노동자가 되거나 부모님 농사일을 돕는 친구들이 꽤 많았다.

우리 집은 그 당시 동네에서 부유하지는 않는 편이었지만 어머니는 자녀교육에 관심이 매우 크셔서 중학교에 보내주셨다. 인근 주암중학교에 3등으로 입학했다. 중학교에서도 독서에 대한 필자의 열정은 식지 않았다. 중간, 기말고사가 있는 시기를 제외하고 역사와 종교에 관한 책을 닥치는 대로 읽었다. 지금도 생각나는 것은 박종화 님의『자고 가는 저 구름아』라는 대하 역사소설이었다. 송강 정철과 강아의 애틋한 사랑 이야기는 지금도 나의 기억에 새록새록 남아있다. 그 덕에 고등학교에 입학하여 역사 시험 점수만은 항상 전교 1등이었다.

그 시절 어려운 가정형편으로 고등학교 진학은 더욱 어려웠다. 그러나 어머님의 자녀교육 열의는 가히 주암면 최고라고 자부할 정도로 대단했다. 1~2학년 때는 친구와 자취를 했으나 외삼촌이 전역 후 순천으로 이사를 오면서 외사촌 동생의 과외교사로 입주하여 1975년 1월에 순천고등학교를 졸업하게 되었다.

순천고등학교 시절 나는 입시전쟁에 휘말려 들었다. 영어와 수학은 시골 중학교에서 공부한 나에게는 기초가 너무도 부족했다. 필자가 다닌 순천고등학교에는 '월말고사', '주초고사'가 있었다.

악명높은 '주초고사'는 매주 월요일 오전에 영어, 수학, 국어 주관식 시험을 치는 것이다. 나중에 알게 된 일이지만 주말에 놀지 않고 국어, 영어, 수학을 공부하게 하는 학교 측의 전략이 숨어있었다.

순천고등학교 시절 단편소설 '동백꽃', '은행잎'을 쓸 정도로 문학 소년이었지만 독서에 대한 나의 열정은 입시를 위해 휴식에 들어갔다. '입시'는 나의 모든 것을 내려놓게 하고 오로지 '영어'와 '수학' 참고서와의 전쟁만을 남겨 놓았다.

드디어 순천고 입학 후 3월 말 고사 성적이 4월에 고향 집에 도착했다. 온 가족의 얼굴빛이 차가웠다. 없는 형편에 도시에 있는 학교로 유학시켰는데 반 62명 중에 13등이라니 가족들의 실망이 대단했다.

우선 영어와 수학이 문제였다. 나는 고향 중학교 선배님을 도서관에서 만나 상담을 했다. 고향 선배님도 나와 똑같이 영어, 수학에서 어려움을 겪었다고 하시면서 안현필 저 '영어 실력기초'와 전경진 저의 '공통수학의 완성', 홍성대 저 '수학 I 의 정석', 송성문 저 '정통 종합영어'를 소개해 주셨다. 곧바로 헌책방에 달려가 '영어 실력기초'와 '공통수학의 완성'을 샀다. 학교 도서관에 이불 보따리를 숨겨두고 숙직 선생님과 숨바꼭질을 하면서 새벽까지 영어, 수학 기초공부를 했다. '영어 실력기초'는 필자가 공부하는 방법을 책에 잘 기록해 준 좋은 참고서였다. 먼저 내가 모르는 새로운 단어 '562 단어'의 뜻을 스프링 노트에 정리한 후 시간 나는 대로 단어들의 뜻을 눈에 익숙하게 했다. 수학은 필수예제를 거의 외우다시피 10번 이상 풀었다.

안타깝게도 1학년 2학기 10월 월말고사가 끝날 무렵 아버지가 돌아가셨다. 지금 변호사인 같은 반 짝꿍 신○○과 나의 인생 멘토이자 큰 바위 얼굴인 정○○ 담임선생님이 조문을 오셨다. 어머님을 비롯한 가족에게 위로를 전하면서 "이번 달 창영이가 반에서 1등을 했는데 아버님께서는 모르고 돌아가셔서 안타깝네요."라고 말씀하셨다. 책은 나에게 과외비 없는 큰 선물을 나에게 안겨주었다. 이때 이후로 필자는 책과 독서를 통한 공부에 대한 자신감을 얻었고 비록 인생에 의미가 적은 참고서 암기학습이지만 많은 시간을 투자했다.

깜깜한 토굴에 한 줌의 희망이라면 '하이틴 연애소설'을 탐독한 기억과 2학년 때 국어 선생님의 '세계문학 줄거리 요약 시간', 고전 선생님의 '고전문학 암송하기', 그리고 3학년 때 국어 선생님의 '우리나라 명시 외우기'는 후일 대학원에서 외국문학으로 박사학위를 하는 데 도움이 되었다.

기말고사가 끝나고 방학이 찾아오면 학교 도서관에 들러 교과서에 나오는 시와 소설의 원전을 원서로 읽었다. 괴테의 명저 'ALT HEIDELBERG(황태자의 첫사랑)' 특히 이미륵 저 'Der Yalu Flieβt(압록강은 흐른다.)'에서는 일제 강점기와 우리 민족의 수난을 이해하게 되었고 내가 대학에서 독일어를 제1전공으로 선택한 계기가 되었다. 그 당시 문학에 관심이 많았던 동기생들과 문학 동아리를 조직하여 자신이 쓴 단편소설을 가져와 점심시간이나 야간자율학습 시간을 통해 서로 토론했던 기억이 아직도 남아 있다.

아버지가 돌아가시고 가세는 더욱 어려워졌다. 고등학교 납부금과 수학여행비를 걱정해야 했다. 그러나 절망은 없다고 했던가? 나에게는 천운으로 외삼촌께서 직업군인 은퇴하시고 순천으로 이사를 왔다. 외사촌 동생이 그 당시 중3으로 명문 순천고등학교(줄여서 순고)를 진학하기 어려운 성적이었다. 나는 외삼촌 댁에서 외사촌 동생의 과외선생으로 고등학교 3학년 시절을 보냈다. 대학 진학은 엄두도 낼 수 없는 가정형편이었다. 가정형편 때문에 수학여행도 가지 못했고, 앨범비를 내지 않아 졸업식에 참석할 형편도 못 되었다. 고향 주암면에서 순천까지 버스비도 구하기 어려운 실정이 되었다. 날마다 산에 땔감을 하러 갔다.

그러던 어느 날 고등학교 담임선생님께서 졸업앨범을 주시면서 좋은 성적인데 너무 아깝다고 말씀하시며 교대나 사대 진학을 권장하셨다. 나의 형편에 무슨 대학? 혹시나 하는 마음으로 전남대학교 사범대학 원서를 동네 친구에게 부탁해서 제출하고 친구의 친척 집에서 잠을 자고 본고사 시험을 봤다. 불행하게도 꼭 붙어서야 할 그 친구는 떨어지고 나는 합격했다. 나는 그때 합격은 했으나 납부금을 마련할 길이 없어 9급 행정직 공무원 시험에 도전에 볼 생각으로 행정직 시험공부를 하고 있었다.

그런데 우연히 들은 라디오방송에서 대학 학자금 융자제도가 생겼다는 것이다. 그 당시 사대나 교대는 납부금이 타 대학과 비교해서 매우 저렴했다. 졸업 후 의무로 교직을 복무하는 대가로 정부 보조금이 있었다. 그 적은 돈도 우리 집의 형편으로는 어려웠는데 학자금 융자제도가 생겼다니 희망이 생긴 것이다. 연필 자루를 들고 동냥 쌀을 얻으러 다니기도 하고, 벽돌 공작에서 벽돌을 나르기도 해서 얼마간의 돈은 마련하고 나머지 돈은 은행에서 우여곡절 끝에 융자를 받았다.

어렵게 시작한 나의 대학생활 동안 교재도 살 수가 없는 형편이었다. 학교 도서관에서 책을 빌려 공부하고 중간 기말고사를 치렀다. 2학년이 되면서 아르바이트의 방법을 바꿨다. 입주 과외에서 그룹과외로 학비를 조달했다. 형편이 나아지자 헌책방 나들이가 시작되었다. 괴테 작품과 셰익스피어 작품을 원서로 탐독했다. 생텍쥐페리의 '어린 왕자'를 프랑스어로 읽는 기쁨을 맛보았다. 중국어와 일본어에도 관심이 많아 제3외국어로 중국어를 선택했고 일본어는 틈나는 대로 청강을 했다.

전남대학교 외국어학과를 졸업 후에 땅끝마을 해남송지종합고등학교에서 상업영어와 독일어, 한문을 가르친 것을 시작으로 23년간 교사로 교육연구사와 장학사로 교육전문직 6년, 중등 교감과 교장으로 11년 등 40년간 살면서 나의 삶에 변함없는 후원자는 역시 책이었다. 그 사람이 어떤 시기에 어떤 책을 읽었느냐는 그 사람의 인생의 향로를 결정짓는다고 생각한다.

필자의 경우도 교직 40년간 외국어교육에 관한 주제로 '문학박사 학위'를 취득하기까지 한 권 한 권 사서 모은 서재의 책들은 외국어교육와 외국원서들이 절반 이상을 차지하고 있다. 그 사람이 어떤 종류의 책을 읽는냐는 그 사람의 미래의 할 일을 짐작할 수 있게 한다.

필자는 장학사 시절 영어교사를 위한 JLP(전라남도 언어 프로그램), 학생을 위한 영어마을(영어캠프), 섬마을 학생 원격영어 교육프로그램, 글로벌 에티켓, 대안학교 영어교재 발간 등을 전국 최초로 기획하여 운영하였고 전국 교육현장에 일반화하는 기여를 하였다. 한 가지 사례로 그 당시 '기러기 아빠' 문제는 사회적 이슈가 되었다. 발상의 전환으로 외국어교육 문제에 대한 대안을 기획했다. 왜 우리가 영어권 국가로 유학을 가야만 영어를 잘 할 수 있는가? 역발상으로 외국인을 우리나라로 오게 하여 영어를 배우는 것이 경제적·정서적으로 이익이 되지 않을까? 우리나라에 온 외국어 교사는 우리나라 핸드폰과 우리나라 쌀을 먹는다. 그러나 우리 자녀가 외국 유학을 가면 그 나라 음식을 먹고 그 나라 택시를 타야만 한다. 외국어교사 1명을 초빙하는 비용은 1년에 4천여만 원이다. 우리나라 자녀 1명을 영어권에 유학시키면 1년에 똑같은 정도의 돈을 유학한 나라에 송금한다. 그러나 우리나라에 온 외국어 교사는 우리나라에서 월급 받은 돈의 절반 이상을 우리나라에서 소비한다. 반면에 유학생 1명을 위해 외국으로 송금한 돈은 그 나라의 경제를 도울 뿐이다. 장학사 시절 이러한 기발한 발상을 할 수 있었던 것들은 외국의 외국어교육에 관한 책과 논문집을 읽었기에 가능했다. 한 마디로 책이 나에게 준 선물이다.

동서양 교육의 원리를 공부하고 현장에서 40년간 교육을 통해 얻은 것은 교육에는 정답이 없다는 사실이다. 그러나 있다면 그것은 어떤 시기(적기)에 어떤 책을 읽느냐가 자신의 미래를 결정짓는다는 사실이다. 이는 필자의 66년 인생에서 직접 경험을 통해 얻은 값진 자산이자 후배들에게 물려주고 싶은 마지막 선물이다. 필자는 은퇴 후 '더나눔학술 · 문화재단'에서 뜻이 있는 동지들과 함께 책 쓰는 일을 하고 있고, 생이 다하는 날까지 꾸준히 글을 쓸 생각이다.

09

명예퇴직한 뒤 기간제교사로 살기

문종길

우리들의 교육 이야기

6년 전 2017년 8월 말에 정년 4년을 남겨두고 전문상담교사로 근무하던 중 인천에서 명예퇴직하였지만 한 학기도 쉬지 않고 학교에서 윤리, 진로진학, 전문상담교사로 계속 일하고 있다. 그렇게 계속 일할 것 같으면 왜 퇴직했느냐고 묻는 사람들도 있지만, 일하는 것이 좋아서 아직 하고 있다. 개인상담센터를 하고 싶었지만 마음대로 되지 않았으며 기간제 교사를 하다 보니 책임감은 정교사 할 때보다 덜 했다.

퇴직할 무렵 충남 천안의 광덕면에 있는 호두마을 위빳사나 명상센터와 인연이 닿아서 그곳에 머물고 있으면서 9월부터는 천안 ㅇㅇ고등학교에서 윤리 시간강사를 하였다. 그해 11월에는 천안으로 이사를 한 다음 학기부터 충남 ㅇㅇ군 ㅇㅇ중학교에서 1년 반 동안 관사에서 지내면서 전문상담교사로 근무하였다. 2학기에는 아내와 함께 생활하기 위해 천안에 있는 학교로 옮겨서 중학교에서 한 달, 아산의 초등학교에서 두 달을 전문상담교사로 근무했다. 2년 조금 넘게 천안에서 살았다.

2020년에는 작은아들과 가까이 살기 위해 순천으로 이사했다. 공부법사전심리상담센터를 운영하면서 ㅇㅇ대학교에 출강하였다. 심리상담센터를 찾아오는 사람이 한 사람도 없어서 한 학기 시간강사를 마칠 무렵 6월 말부터 ㅇㅇㅇㅇ고등학교에서 진로진학교사를 하였다. 코로나19로 큰 행사 없이 진로 수업 8시간을 하고 진로상담을 하면서 또 한 해를 보냈다. 다음 해에는 ㅇㅇ마을에 땅을 빌려 순천에서 텃밭을 다시 시작하였다. 3월부터 ㅇㅇ고등학교에서 1년 동안 윤리교사를 하면서 ○○중학교에서 한 학기 도덕 교사를 겸임하였다. 이때 더나눔학술·문화재단과 인연이 닿아 회원으로 활동하면서 좋은 분들을 많이 만났다. 지난해에는 젊은 사람이 잘 가려고 하지 않는 전북 무주 ○○○○초등학교에서 전문상담교사로 초등학생을 상담하면서 1년을 보냈다. 관사에서 살면서 주중에는 학교 텃밭 농사, 주말에는 순천 집으로 와 텃밭 농사를 지으면서 보냈다.

올해는 충남 홍성 ○○중학교에서 진로진학교사로 일하고 있다. 멀리 홍성으로 온 까닭은 여러 가지 이유가 있겠지만 정년 나이를 넘긴 우리가 일할 수 있는 곳을 검색하다 보니 이곳이 가장 적합한 것 같았다. 또 3년 전의 충남과의 인연도 있고, 아내와 함께 일할 수 있는 ○○교육청이 있는 곳이 좋겠다 싶어서였다. 2월 중순에 서류를 제출하고 나니 코로나19에 걸렸다. 면접을 보러 오라는 연락을 받고 코로나19에 걸렸다고 하니 우리 둘만 봐 줄 수 없다고 하면서 원격 면접도 진행하지 않았다. 며칠 뒤 다시 연락이 와서 서류를 내어 달라고 해 서류를 제출하고 면접 통보를 받고 2월 27일 면접을 보았다.

Wee센터 전문상담교사채용에 서류를 낸 아내는 여러 사람이 면접을 보았고 ○○중학교 진로진학교사에 서류를 낸 나는 나중에 생각해보니 아마 지원자가 나 혼자였던 것 같다. 마음 졸이며 기다리다가 5시 넘어서 둘 다 안 되겠다는 생각이 들어서 순천으로 가는 기차를 타러 역으로 갔다. ○○역으로 가는 도중에 둘 다 합격하였다고 연락을 받았다. 다시 ○○읍내로 돌아와서 저녁을 먹고 숙소에서 잠을 잤다. 다음날 ○○의료원으로 가서 공무원채용 신체검사를 한 후 아내는 Wee센터로 나는 학교로 가서 채용서류를 작성하고 왔다. 버스를 타고 ○○으로 돌아오는 길에 아내와 내가 본 아파트를 계약하고 순천 집으로 돌아왔다. 다음날 나 혼자 이전직장에 가서 업무인수인계를 하고 짐을 챙겨 새로운 직장으로 왔다.

3월 2일 출근하니 진로 수업은 3학년 2시간뿐이었다. 아니 이럴 수가! 그런데 2~3일 지나니 시간표가 잘못되었다고 하면서 2학년도 2시간이 추가되었고 동아리 1시간, 스포츠활동 3시간으로 8시간과 1학년 1학기 자유학기제 진로체험 활동과 3학년 2학기 진로연계 학기 관련 업무와 진로상담을 하게 되었다. 동아리는 생태환경반을 맡았고 스포츠는 강사가 와서 수업을 하니 출결만 확인하면 되었다.

진로 수업을 하러 교실에 들어가니, 예전과는 아주 다른 모습이 눈에 띄었다. 가만히 앉아있지 못하고 돌아다니며 수업에 집중하지 못하는 아이들이 많았다. 코로나19를 겪으면서 초등학교를 보낸 탓일까? 너무나 당황스러웠다. 할 수 없이 제약을 두기 시작했는데 한 사람씩 밖으로 나가는 것은 허용하였다. 그래도 수업에 집중하지 못하고 수업을 듣는 아이들이 거의 없어서 개별상담과 개별수업으로 바꾸었다. 5~10분 진로학습 관련 상담을 하고 진로 교과서를 보면서 관심과 호기심을 가지는 단원을 펼쳐서 함께 읽고 이야기를 나누었다. 또 진로와 학습상담을 홍보하고 진로상담을 활성화하려고 전 학년 140여 명 모두를 대상으로 아침 자습 시간과 점심시간을 이용하여 5분 상담을 실시하였다.

비닐을 걷어내고 텃밭 만들기

동아리 생태환경반 4-H 활동을 맡았기 때문에 학교 텃밭도 가꾸고 있다. 아침 일찍 광천으로 오는 첫차를 타면 앉아서 올 수 있고, 일과 전에 40여 분 일할 수 있고, 퇴근 시간 이후에도 40여 분 일하고 집으로 가는 버스를 타면 편하게 앉아서 갈 수도 있다. 수업과 상담이 없는 시간에 텃밭으로 나가서 유기농 자연농법으로 농사를 짓고 있다. 비닐을 쓰지 않고 비료도 쓰지 않고 축분 퇴비와 유기물 퇴비를 이용한다. 그런데 동아리 시간에 학생들과 텃밭에 나가보면 흙을 만지려고 하는 아이들이 드물다. 밭을 다 만들고 한 포기만 심어보라고 해도 거부하는 아이들이 많다. 운동을 하면서 땀을 흘리는 것도 좋겠지만 농사일을 하면서 몸을 움직여 땀도 흘리면 좋겠다. 하지만 어른들이 농사일을 힘들어하고 싫어하듯이 아이들은 더 말할 것 없다. 농촌에 살고 있는 아이들도 농사에는 관심이 없다. 앞으로 농사는 누가 어떻게 지을까?

텃밭을 다 만들고 작물을 심기 시작한 4월의 밭

퇴직하고 정년이 지났지만 학생들과 생활할 수 있어서 행복하다. 상담을 공부하지 않았다면 쉽게 도전하기 어려웠을 것이다. 가정경제에도 많은 도움이 되어 더 할 수도 있지만 또 다른 나를 발견하기 위해 새로운 도전으로 텃밭농사, 학교 텃밭 가꾸기 등에 대해 유튜버를 해볼까 한다. 아직 내가 건강하고 일할 수 있어서 더없이 행복하고 고마울 뿐이다.

10

모두가 원하는 안전하고 행복한 회복적 패러다임 이야기

김숙경

우리들의 교육 이야기

코로나19는 사회 전반은 물론이고, 교육에도 큰 변화를 가져왔다.

우리는 생명에 위협을 느꼈던 코로나19, 예측하지 못한 기후의 변화로 자연재해, 전쟁과 테러의 공포 속에서 살아가는 사람들에게 '교육, 학교가 희망'이라는 말은 어쩐지 허공에 외치는 메아리처럼 들린다.

ZOOM 상담, 교육, 워크숍, 회의 등 방식의 변화, 지구촌 어디서라도 팀을 구성하고, 작업 공간을 재구상하고, 새로운 잠재 인력과 소통 그리고 공간의 플랫폼을 만든다. 또한, 사람들과 커뮤니케이션을 통해 협업하고 효율적인 관리, 안전하고 편리하게 일하기 위해 교육 분야에 ZOOM 앱이라는 새로운 교육 방식을 도입하는 사례도 주요 이슈로 부각되기도 한다.

팬데믹, 기후 재앙, 인공지능 등 급속한 사회변화로 미래 교육은 과연 어디로 가야 할 것인가? 우리 아이들이 세상을 살아갈 때에 지금보다는 안전하고, 상식적이고, 희망적이면서 회복적 정의가 다시 새로운 쟁점으로 부상되길 간절히 바라는 마음이다.

회복적 정의 만남

함께 정의를 행하고 평화를 추구하며 공동체를 세우라.
2020 겨울집중 통합과정 2 [회복적 정의 · 생활교육 워크숍]

2020년 1월 '회복적 정의(Restorative Justice)'를 처음 접하게 되었다. 경기도 남양주에 위치한 한국평화교육훈련원(KOPI)에서 2주 동안 80시간 연수를 통해, 그리스 정의의 여신인 니케(Nike)를 처음으로 관심 있게 보게 되었다.

회복적 생활교육 연수 후 처음 접하고 느꼈던 감정은 회복적 생활교육이 좀 더 널리 소개되고 그 용어가 여러 곳에서 회자하길 바라는 마음이 앞섰다.

회복적 정의의 가치를 생활지도와 교육의 관점에서 풀어가는 것이 회복적 생활교육이고, 그 방향이 분명 생활지도나 훈육으로 가야 할 바람직한 지향점이라는 이해가 높아졌다. 하지만 학생들의 진정한 문제와 요구를 파악하고 적절한 대응을 제공하는 것은 쉽지 않다는 것을 알 수 있었다.

회복적 정의의 주요한 원칙인 회복, 책임, 참여를 가정, 학교, 사회가 함께 회복이 이루어진다면 안전하고 평화로운 공간을 만들고 다음 세대에 문화적 유산으로 남길 수 있을 것이다. 여전히 응보적인 학교, 사회, 가정의 현장에서 의구심을 갖는 시선을 만나기도 한다.

남아프리카 원주민 사이에 전해지는 크리킨디라는 벌새 이야기가 있다. 밀림에 불이 나 모두 도망가는데 혼자 작은 부리로 물을 머금고 와 불을 끄려고 한다. 다른 동물들이 '그렇게 한다고 뭐가 달라지는데'라고 비웃자 '그냥 내가 할 수 있는 것을 할 뿐이야'라고 대답한다. 큰일을 작은 일처럼 해내고, 작은 일을 큰일로 만드는 공동체의 지혜가 절실히 요구된다.

회복적 가정

회복적 정의 패러다임을 배우기 위해 워크숍에 참여하는 참가자들은 마지막에 가장 많이 나누는 이야기 중 하나는 '우선 내 가정에서부터 실천해 보고 싶다'라는 말을 하였다. 그동안 익숙하게 해오던 부모 역할이나 가정교육이 별 의심 없이 응보적 관점에서 이루어지다가 회복적 정의를 배우면서 기존 방식의 한계를 발견하게 되었다. 일반적으로 자녀들이 잘못했을 때, 부모의 대응은 크게 두 가지로 나눈다.

훈계해서 잘못을 반복하지 않도록 분명하고 강한 메시지를 전달하거나, 아니면 누구나 실수할 수 있으므로 이해하고 보듬어주어 상처받지 않도록 허용하는 것이다.

자녀들이 성장할수록 어떻게 대응해야 할지 혼란스러울 수 있다. 훈육의 스펙트럼을 넘어서는 또 다른 길로 책임과 존중을 동시에 높일 수 있다.

첫 번째는 원칙과 질문으로 두 번째 가족회의를 통해서 존중의 약속 만들고 부모와 자녀가 같이 지켜나가는 것이다. 세 번째는 회복적 접근으로 가족이 함께 둘러앉아 진행하는 가족 서클(모임)이 있다.

맞벌이 부부가 자녀들과 함께 둘러앉은 짧은 가족 모임 시간은 중요한 교감의 시간으로 애틋한 표현도, 미안함과 감사함도 표현하면서 가족 안에서 관계의 중요성을 배우는 기회로 작용한다. 회복적 정의가 가정에서 정착될 수 있다면 우리 사회의 많은 학교의 문제를 해소하는 근본적 접근이 될 수 있다.

회복적 생활교육 학교

회복적 패러다임을 이해하고 학교 현장에서 회복적 서클을 적용하면서 학생과 교사의 관계를 공동체적 관점에서 존중과 배려가 어떻게 일어나야 할 것인가를 배울 수 있는 중요한 구조를 서클이 만들어준다고 학교 현장에서 경험하고 있다.

이 과정들이 선생님과 학생들 사이에 중요하게 평화를 배울 수 있는 도구가 되리라고 생각한다.

학생들에게 서클을 적용하고 바꿀 수 있다는 관점이 아니라 아이들을 존재 그대로 바라보고, 감정에 관심을 가져보고 많은 이야기를 들으려고 노력한다.

존중과 책임을 관계의 요소로, 공동체와 융합과정을 거치면서 서클 활동은 새롭게 경험하는 패러다임 또한 부적응이 있었으며, 신뢰 서클이 학생들에게 평화는 어떻게 느끼고 있는지 확인해보는 시간도 되었다.

학교 교실 안에서 친구들과의 갈등을 대화모임으로 원만하게 풀어나가는 모습을 경험하면서 질문하는 방법에 대해 주제는 우리 학급에서 생활하며 힘들고 마음 아팠던 경험은? 질문을 반영해주고, 어색하게 눈치를 보는 모습은 브릿지 카드로 대화를 열어가며 두려움을 느끼지 않도록 했다. 회복적 정의 핵심 단어 카드 게임은 학생들의 생각하는 뜻과 어학적 사전에 의미를 정확하게 알고 교실에서 적용할 수 있도록 스피드 게임으로 진행하였다.

교실 청소 시간 친구의 장난으로 골절 상해를 입어 반 전체가 회복적 서클을 진행하면서 친구들의 욕구, 느낌을 표현하여 자기를 이해하고, 가해 친구는 비난받지 않고도 잘못에 대한 진정한 사과로 책임감을 느끼게 되면서 재발 방지가 가능하게 되었다.

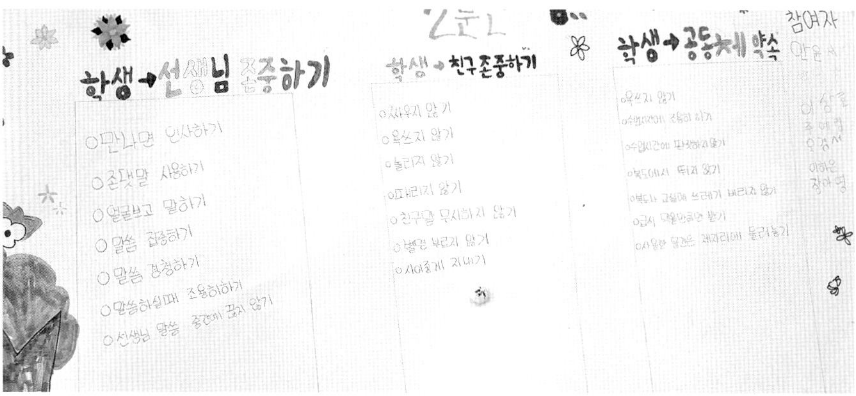

교실 안의 활동으로 서로 어떻게 공감하고 이해해야 하는지 스스로 정하고 친구들과 공통점 및 차이점을 수용해 나가는 과정을 통해 '존중의 약속' 만들기를 하였다.

모둠 활동으로 선생님, 친구, 교실에서 존중의 약속을 위해 어떠한 행동과 말이 필요할 것인지 논의하고 작성하여 발표한다. 존중의 필요성과 자기 자신의 태도를 점검하는 데 중요하다는 인식과 평화교육에 있어서 갈등에 대한 태도는 삶에 있어 자연스러운 것이며, 갈등은 서로의 진정한 욕구와 의도를 이해하는 새로운 '기회'로 여기는 경험을 하게 된다는 것을 알았다.

학교는 학생의 행동을 통제하는 규범을 만드는 것이 아니라 관계를 만드는 존중의 약속으로 교실이 평화롭고 안전한 공동체가 되게 하는 데 목표가 있다.

회복적 경찰 활동

회복적 생활교육과의 만남이 회복적 경찰 활동으로 2년 동안 이어지고 있다. 회복적 경찰 활동은 지역사회에서 갈등, 분쟁 또는 범죄가 발생했을 때 경찰이 범인을 검거하고 처벌하는 데 그치지 않고, 회복적 정의 전문가의 참여로 피해자와 당사자들이 함께하는 대화모임을 통해 피해 회복, 관계 회복, 재발 방지 등 근본적인 해결방안을 모색하고 지원함으로써 지역사회를 안전하고 평온하게 지켜나가는 경찰 활동 패러다임이다.

학교폭력, 가정폭력, 층간 소음, 상가 주차 문제 갈등, 타인의 물건 손상으로 회복적 갈등 조정의 경험으로 사전모임, 본 모임, 사후 모임으로 진행하면서 피해자는 피해보상과 재발 방지를 약속받을 수 있다. 또한 피해자와 가해자의 자발적인 동의를 전제로 하며 대화모임 진행 전·후 또는 진행 중 언제든지 참여 의사를 철회할 수도 있다. 가해자는 당시 상황을 피해자에게 설명하고 진정성 있는 사과를 할 수 있다.

회복적 생활교육은 물리적·심리적으로 안전한 공간을 구축하고 그 안에서 평화로운 공동체를 구축할 수 있는 바탕이 되어가고 있다. 결과적으로 2021년 95건 출발이었던 조정이 2022년도 1,203건으로 갈등과 분쟁보다는 회복을 자발적으로 선택하고 있다는 것이다. 또한 2023년 현재 회복적 경찰 활동은 258개 모든 경찰서에서 시행하고 있다. 회복적 대화모임 과정이 서로의 진심이 통하여 발전적인 방향으로 나아가게 이끌어 가고 있다는 결과이다.

나 하나 꽃 피어

조동화 님

나 하나 꽃 피어
풀밭이 달라지겠냐고
말하지 말아라.
네가 꽃 피고 나도 꽃 피면
결국 풀밭이 온통
꽃밭이 되는 것 아니겠느냐,

나 하나 물들어
산이 달라지겠느냐고도
말하지 말아라
내가 물들고 너도 물들면
결국 온 산이 활활
타오르는 것 아니겠느냐.

이 소중한 회복적 생활교육의 경험을 학교, 사회, 공동체에서 상담을 통해 만나는 모든 사람들과 나누고자 한다. 가정에서 자녀들을 양육하는 훈육의 문제나, 학교 생활지도의 방식이나, 직장의 조직 내 문제해결 방식이나, 사법 절차에서의 법적 해결 과정이나, 마을 공동체 도시의 분쟁 해결 방식이 회복적 정의의 가치와 방법을 토대로 이루어지는 날이 오길 꿈꿔본다.

우리 주변에서 '회복적 학교, 회복적 경찰 활동, 회복적 공동체, 회복적 도시라는 말이 이제는 낯설지 않은 날이 속히 오기를 기대하지만 기대만큼이나 아직은 우리 교육이 가야 할 길이 멀다는 것을 느낀다.

그런데도 꼭 가야 할 '옳은 방향'이라면 어느덧 자연스럽게 우리 곁에 와 있을 것이라 확신한다.

크리킨디처럼 희망을 안고 안전하고 행복한 삶의 패러다임 이야기는 회복적 실천으로 만들어갈 사회는 지금보다는 더 나은 곳이 될 것이라고 믿기 때문이다.

11

B교사의 아침

박수진

이젠 새벽잠도 없어질 만한 B는 언제나 쫓기듯 6시 30분 알람에 정신을 차린다. 작년 가을 시어머니마저 돌아가신 B는 누군가에겐 이른, 그러나 B에게는 빠듯한 하루를 침구를 정리하며 하루를 시작한다.

가볍게 씻고 화장이 아닌 변장의 메이크업을 하고 나면 아침 식사 준비를 한다. 어느새 건강에 문제가 생긴 B는 다 갖춰진 국, 밥보다는 과일과 빵으로 비워진 위 속을 채운다.

30분 남짓 출근 차량에서 세상 돌아가는 이야기를 알고자 하는 욕구보다는 전혀 유행을 타지 않는 클래식 음악을 백색소음으로 듣기 시작한 B에겐 언제나 94.5Mhz가 친숙하다. 라흐마니노프나 시벨리우스가 흘러나오면 더욱 쫑긋하며 전쟁터에 나가는 심정으로 초록빛 헐크가 되어 운전대를 잡는다.

학교에 도착하면 그냥 지나칠 수 없게 만드는 담임 반 학급 학생들을 보게 된다. 모두 손바닥만 한 화면에 코를 박고 있다. 무엇보다도 집중력 있는 모습이다. B가 가르치는 교과에도 이처럼 집중하면 좋으련만, 내밀지도 못할 질투를 털어내듯 교실 밖으로 나온다. 이 와중에 간간이 말 섞는 학생이 있으면 머리도 쓰다듬는 다감한 선생님의 모습으로 위장도 한다.

학년 실로 들어오면 나와 비슷한 또래의 J가 언제나 그 모습 그대로 자리에 앉아있다. 올해 학교를 옮기게 되면서 같은 공간을 쓰는 J는 항상 일찍 출근한다. B는 J에게 인사하고 자리에 앉아 하루의 일과를 시작한다. 학급에 전달할 내용을 찾아보고, 해당일 수업 진도와 내용을 확인하다 보면 아침 자율학습 시간을 알리는 예비종이 친다. 이제 5분!! 5분이면 진짜 시작하는 B의 하루다. 이쯤 되면 S와 P 그리고 T는 자리에 앉는다. 서로 인사만 하면 끝!! 각자 준비로 바쁘다. 종이 친다. 다들 주섬주섬 챙기며 교실로 들어간다.

학기 초 뭔가 새롭게 해야지 했던 아이들과의 아침 20분은 계획 세울 때 보다 더 힘없이 사그라졌다. 아이들과 눈도 맞추고 세상 돌아가는 이야기도 하고 내가 살아왔던 이야기도 하며 잘 지내겠다는 나의 다짐은 요즘 아이들의 냉소적이고 해학스럽게 받아들이는 모습에 같이 공감하지 못하는 아이들에게 B의 기대는 너무나 미력한 것이었음을 깨닫는 데는 3개월이 걸리지 않았다.

그래도 오늘은 아이들에게 뭔가 전달한 내용이 있다. 반티를 정하는데 학교에서 지원해 주는 비용과 물품의 상한선을 정하고, 전체 학년이 중복되지 않도록 선정된 반티를 체육 교사에게 알리라는 내용이다. 언제부터인가 대회라는 명칭을 쓰면 안 된다는 지침에 따라 스포츠 한마당이라고 쓰고 우리는 체육대회라 일컫는 체육대회를 한다. 일회성에 그치는 반티 제작을 금하는 학교도 있다는데, 우리 학교는 학급도 쉽게 구분할 수 있고 학급의 단합을 보여주는 반티를 입도록 하고 있다. 다만 이것저것 제약 조건으로 활동하기 편하고 불쾌감을 주지 않는 선에서 학생들이 자율적으로 선택하도록 하고 있다.

B의 말이 끝나자마자 우리 반 부반장 L이 주도적으로 아이들의 의견을 모아 내기 시작한다. 요즘 아이들은 너무나 말을 잘하는데 우리 반 부반장 L도 예외는 아니다. 가끔은 본인에게 유리하게 끌고 가는 모습도 보이지만, 오늘은 합리적인 선택을 할 수 있도록 하고 있다. 열다섯이라고 만만히 보다가는 큰코다칠 준비를 해야 한다. 그래서인지 B 스스로 객관적이고 공평하도록 거기에 친절함을 추가로 주물주물 하여 더하지도 덜하지도 않은 틀 안에 나를 몰아넣고 있다. 오늘 오랜만에 일찍 등교한 K가 가장 반짝일 때가 된 거 같다. B가 오랜만에 담임을 하게 된 2학년 첫날 오른쪽 귀에 피어싱을 하고 있던 K는 둔한 B의 눈에 띄게 되어 그 자리에서 애지중지하던 피어싱을 빼게 되었다. 학교에서 가장 유명한 학생 중 하나였던 K는 학교에 공부보다는 친구들과 어울려 운동을 하려고 오는 게 확실하다. 정상 등교 일수와 늦잠 자다가 지각하거나 무단결석하는 일수가 거의 비슷할 정도인데, 특히 체육이 든 날이나 스포츠 동아리가 있는 날이면 딱 그 시간에 맞춰오는 날이 많다. 그런 날에는 아침에 K의 엄마에게는 ' 학교 오게 해주세요~' K 군에게 'K야 학교 오자'의 메시지를 보내다 보니 두 사람의 전화번호는 저절로 외워지게 되었다. 이 정성으로 B의 부모님께 메시지를 보냈다면, 분명 B의 부모님은 '효녀네 효녀야' 하셨을 텐데 말이다. 그래도 B는 이 K가 대단히 좋다. 분명 문제가 많은

학생인데, 이 K는 잘 웃는다. 심지어 혼날 때조차도 웃는 얼굴이기 더 혼나는 경우도 많은데 이 밝음이 K의 에너지 아닐까 싶다. K가 학교에 오는 날이면 아래층에 있던 다른 학급 아이들도 우리 반 앞 복도에서 북적이며 K의 주변엔 소란함을 동반한 활기가 느껴진다. 어디서나 환영받고 싶고 나를 기억해 주기를 바랐던 시절이 있었는데, K는 B의 그런 시절의 내가 바라는 모습이었다. B와 K는 서로 약속을 하고 다짐을 받는다. '학교생활을 잘해보자라는~', 하지만 약속을 저버리는 K의 모습은 여전하다. B의 젊은 교사 시절에는 학생들의 행동이 한번 말하면 바뀌어야 한다고 믿었고 그렇게 되지 않을시 젊은 B는 스스로 분노하고 자책하던 시절이 있었다. 그런 B도 자식을 키우면서 알게 된 신뢰를 바탕으로 한 기다림이라면 B는 K도 제 몫을 하는 어른으로 성장하리라 믿으며 기다리는 중이다.

투철한 교육관 없이 시작한 교직의 길이었기에 더 빠르게 지쳐갔지만, 어느새 이력이 생긴 건지 아니면 아이들로부터 얻는 에너지에 중독이 된 건지 30년이 넘게 교직에 몸담고 있다. 이런 B에게 또 다른 걱정거리가 생겼다. 언제나 강건하게 내 뒤를 봐주실 거 같던 부모님의 노쇠함으로 인한 변화가 나를 혼란스럽게 하고 있다. 아이들과 함께했던 교직생활을 접고 100일이라도 부모님과 함께하고픈 간절함이 생겼기에 올해의 아이들이 마지막 나의 제자가 될 거라는 확신으로 좋은 추억을 쌓아가려고 오늘도 열심히 살아가겠다 다짐하는 시간이다.

12

사람과 동물을 구별 짓는 가장 큰 특성 중 하나 '언어 사용'

정수애

사람과 동물을 구별 짓는 가장 큰 특성 중 하나는 '언어 사용'이라고 한다. 학교현장에서 사회문제 수업을 하면서 느낀 것은 대학생들의 언어 사용이 심각한 수준에 이르렀다는 것이다.

지금 우리사회에서는 10대와 20대들의 은어와 비속어 사용이 증가해 많은 사회문제가 발생하고 있다. 그들이 사용하고 있는 SNS(페이스북, 카카오톡 등)에서 은어와 비속어를 쉽게 찾아볼 수 있다. 낄끼빠빠, 생파, 프사, 세젤예, 지린다, 오진다, 졸라, 뽀대, 멘붕, 찐찌버거, 레알, 열폭, 방팅, 날밤까다, 씹는다, 쩐다 등등 과연 이런 말이 무엇을 뜻할까? 나는 이 중 2~3개 외에는 솔직히 정확한 뜻을 이해하지 못한다.

이 단어들은 10대와 20대들 사이에서 당연하게 통용되고 있는 은어이며 은어를 모르고서는 대화가 되지 않을 정도로 은어 사용이 청소년 사이에서 하나의 문화로 자리매김하고 있다.

나는 언어라는 것은 단순히 의사소통을 위한 수단이 아니라 한 사람의 인격이나 가치관 등 모든 것을 표현할 수 있는 매개체라고 생각한다. 언어 사용에 따라 그 사람이 평가되고 타인에게 인식이 된다는 것이다. 이렇게 언어는 사람이 살아가고 사회생활을 하는 데에 있어 매우 중요한 역할을 한다. 따라서 아이들이 있는 이 세상의 모든 부모와 학생들을 가르치는 교사는 아이들과 학생들에게 바른 언어를 심어줘야 할 필요가 있다고 생각한다.

이러한 사태가 빚어진 원인은 어쩌면 모방심리가 원인이라고 할 수 있다.

학생들은 어떠한 우월한 집단을 형성하고 그 집단을 모방하면서 우월감이나 연대감을 형성한다. 학생들의 대화 속에서 언어가 파괴되고, 외계어의 남용 등 갈수록 심각해지는 언어 사용 실태에 그 누구도 어떤 답을 내놓지 못하고 있다. 이제 저들이 사용하는 언어를 올바른 한글로 받아들여야 할지, 아니면 지금부터라도 바로 잡아야 하는지 전혀 판단할 수가 없다.

은어나 비속어 사용이 현재 10대와 20대의 문화인데 내가 이 문화를 받아들이지 못해 꼰대라는 말을 들을 수도 있다.

물론 은어나 비속어 사용을 무조건 금한다는 뜻은 아니다. 은어나 비속어 사용에 있어서 긍정적 견해도 없는 것은 아니다. 비슷한 또래끼리 관계형성에 좋다거나 언어생활에서 즐거움을 가진다거나 하는 것은 긍정적으로 생각할 수 있지만 언어가 파괴되거나 표준어에 대한 혼란이 온다거나 기성세대와 단절감을 주는 단어들은 심한 욕설에 가까운 저질화된 내용이 많아 이러한 무분별한 비속어를 사용함으로 인해 더 심각한 청소년 언어문제가 유발되고 있다는 것이다.

대부분 은어와 비속어를 사용하는 이유는 남들이 사용하니까, 재미있으니까 등의 이유로 아무런 거리낌 없이 비속어와 은어를 일상 언어처럼 사용하고 있다는 것이 문제이다.

사회문제가 될 정도로 이 시점까지 오게 된 것은 우리 사회가 교육적인 차원에서도 아무런 조치가 없어 더더욱 심화되었을 수도 있다.

이제는 많은 청소년들이 비속어나 은어를 사용하지 않으면 대화가 어색하다거나 서로 아무 말도 하지 못할 거라는 생각을 갖고 있으며 과격한 언어표현으로 상처를 받거나 은어를 몰라 대화에서 소외되는 아이들이 생겨나고 부모님과의 소통에서의 갈등, 세대 간 소통의 단절도 가져오고 있다.

은어나 욕설을 사용하면 친한 친구 사이에 좀 더 친근하게 느껴진다거나 결속력이 강화될 수 있는 경우도 있는 반면 세대 간의 답답함, 불쾌감을 유발하여 소통의 단절로 이어지는 심각한 상황이 초래될 수도 있기에 우리말을 바르게 쓰는 방향으로 바꿔야 할 것이다. 가장 큰 문제는 청소년들이 사용하는 언어의 절반가량이 욕설 등 비속어나 은어가 차지한다는 언어 사용 실태가 심각한 수준 문제점을 깨닫지 못하고 있다는 것이다.

이제는 청소년들이 우리말 파괴의 심각성을 깨닫고 해결해야 할 때가 온 것 같다. 따라서 이러한 문제를 해결하는데 누구보다도 청소년 스스로가 심각성을 깨닫고 자발적으로 이 상황을 해결하는 주체가 되어야 한다. 그렇다면 청소년들이 심각성을 인지하도록 도움을 줄 수 있는 사람들이 필요하다. 즉, 청소년 자신뿐만 아니라 기성세대의 관심과 각성, 세대 간 언어소통을 위한 어른(부모, 교사 등)들의 각별한 노력이 더 필요하며 우리 모두가 함께 고민하고 해결해 나가야 할 과제이다.

또한, 재미있고 재치있는 은어를 분별하여 사용하거나 자신의 품위를 손상시키거나 타인의 기분을 상하게 할 만한 은어 사용은 스스로 자제할 수 있는 능력을 길러서 상황과 상대방에게 맞는 은어를 사용해야 할 것이다.

13

아주 특별한 4년

차광준

우리들의 교육 이야기

이곳에서 네 번째 가을을 맞이하였다.

4년 전 가을 이곳에 둥지를 틀었을 때, 고개를 들어 주변을 둘러보고는 먼 옛적 강원도 산골이 떠올랐다. 군용 트럭을 타고 내린 그곳에서 고개를 빙 두르고 쳐든 눈에 들어온 빼꼼한 하늘, 달라진 것은 푸르다 못해 눈이 시리던 높다란 산 대신 횟가루를 뒤집어쓴 빌딩 숲.

전원생활을 꿈꾸는 천상 시골뜨기가 아파트로 빙 둘러싸인 학교에 발령을 받아 4년간 근무하면서 있었던 소회(素懷)를 함께 나누고자 한다.

매일 아침 아래쪽 초등학교로 손을 잡고 등교하던 다정한 남매가 있었다. 맞잡은 손을 흔들며 아침부터 무슨 좋은 일이 있는지 깔깔거리며 걷는 모습이 사거리를 지나는 많은 차량들이 시야에서 사라지게 만들곤 했다. 그런데 어느 날인가부터 같이 등교하는 모습이 보이지 않았다. 얼마간 앞서거니 뒤서거니 하며 걷더니 4년이 지난 최근에는 덩치가 나만 해진 오빠만이 홀로 걸어가는 모습이 눈에 들어왔다. 몇 번 인가를 주위를 두리번거리며 그의 여동생을 찾아보았지만 보이지 않았다.

무슨 일이 있었던 걸까?

궁금했지만 그를 붙잡고 물어보지는 못했다.

며칠 동안 지켜보면서 홀로 상상의 나래를 펴고 있는데, 횡단보도를 건너오던 교복 입은 남학생이 내 어깨를 툭 치며 지나간다. 화들짝 깨어 그를 부르니 고개를 돌리며 활짝 웃는데 순간 재가 누구지 하는 망각이 들었다. 몰라보게 컸다. 키도 얼굴도 몸통도 마음도 생각도.

모두 지난 4년간 그렇게 성장했다. 정작 매일 아침 그들을 지켜본 나만 그대로이다. 그들의 변화를 눈치채지 못하고 통찰하지 못한 것이다.

얼굴에도 마음에도 아직 마스크를 계속 쓰고 있었다.

사거리 횡단보도에서 만나는 학생들은 마스크를 벗어 던지고 하얀 이를 내보이며 웃고 있는데 난 아직도 마스크를 벗지 못하고 있었다.

60년 가까이 살아오면서 3년 전 처음으로 마스크를 썼고 아직도 온전히 벗어던지지 못하고 얼굴을 가렸다 보였다를 반복하고 있다. 최근에 다시 코로나-19 감염병 확진자들이 늘어나고 있어 가을철 대유행을 염려하고 있다.

2019년 가을은 유난히도 짧았던 것 같다.

찬바람이 불면서 우리의 주변에 좋지 않은 기운이 흐르더니 이듬해 2월부터 코로나-19라는 감염병이 대유행하며 전 세계적으로 8월 중순 기준 대략 2,300만 명의 감염 확진자와 80만 명의 사망자가 발생하였다. 우리나라도 1월 20일 첫 번째 확진자가 발생한 이후로 불과 7개월 만에 17,000여 명의 감염 확진자가 발생하며 학교는 휴업과 등교, 온라인 원격수업을 되풀이하였다.

2020년 3월 입학식을 앞두고 곧 물러나겠지 하는 기대감을 갖고

개학 준비를 하였는데 공포의 대상이 된 코로나-19로 인해 학교는 휴업에 들어갔다. 내 기억 속에 감염병으로 인하여 학교는 장기간 휴업하고 자영업이 줄도산하는 사태는 없었던 것 같다. 교육 당국은 학생들의 학습결손에 대한 염려와 고심 끝에 디지털 플랫폼 기반의 온라인 원격수업을 제시하였고, 학교는 학년별 순차등교와 원격수업을 병행하며 교육과정을 운영하였다.

2020학년도 학교의 시작은 여러 가지 화제를 남겼다. 뒤늦은 입학식을 온라인 실시간 화상회의 시스템을 이용하여 하는가 하면 채팅앱을 이용한 학급별 그룹 채팅을 통해 자기소개를 하며 인사를 나누는 모습 등이 뉴스의 한 장면으로 연출되기도 하였다.

그러나 여전히 휴업 상태.

예고 없이 찾아온 사상 초유의 사태에 준비 없는 시작이 그리 쉽지만은 않았지만 그러는 사이 학교에서는 분주한 움직임이 있었다. 사회적 거리두기에 맞춰 복도에 중앙 분리선을 긋고, 학생들 책상은 시험대형으로 배열하였으며, 급식실 등 줄을 서는 곳에는 2미터 간격으로 멈춤 발자국을 붙이고, 세면대에는 살균 손세정제를, 복도와 교실에는 손 소독제와 소독 티슈 등을 비치하며 등교 준비를 착실히 해나갔다. 또한 선생님들은 온라인 원격수업을 위한 플랫폼 구축과 학습콘텐츠 제작, 등교수업을 위한 교실 정리정돈 등으로 분주한 시간을 보냈었다.

사회적 거리두기 방역수칙 포스터를 실내외 이곳저곳에 도배하고 실내 소독을 마치고 드디어 등교수업과 원격수업이 시작되었다.

2020년 4월 9일 3학년은 등교수업, 1학년과 2학년은 원격수업이 진행되었다.

학년별로 등교수업과 원격수업이 순차적으로 진행되었고 여러 가지 시행착오를 겪으며 비정상적인 교육과정이 정상화되어 갔다. 많은 어려움이 있었지만 가장 기억에 남는 일은 마스크 착용에 따른 불편함과 부작용이었다. 마스크 착용 지도에 따른 마찰, 의사소통 곤란, 체육시간 등 활동적인 교육활동 시간에 호흡곤란 등 신체적인 제한, 그 무엇보다도 수업하는 선생님들의 고생이 말이 아니었다.

단계별 사회적 거리두기를 거듭하며 사상 초유의 비정상적인 교육과정이 운영되었다. 학교뿐만 아니라 사회 전반에서 실시한 거리두기로 인하여 사람 간 사람과 자연 간의 물리적, 심리적 거리두기는 사회 현상에 많은 변화를 가져왔다.

비대면이 대세가 되었다.

학년별 등교수업과 원격수업이 순차적으로 운영되다가 마침내 2021년 6월 7일 전라남도교육청 산하 초·중·고 학교 모두가 전 학년 등교를 시작하였다. 학년별 시차 등교, 수업시간 단축, 점심시간 확대 등 제한과 준수사항이 산적하긴 했지만 마스크를 착용한 일상이 회복되어 가는 듯했다. 전교생이 등교하면서 급식실 식탁에 칸막이가 설치되었고 급식과 방역 인원 확충을 위해 자원봉사 도우미를 위촉하는 등 사회적 거리두기와 방역수칙을 지켜가면서 교육활동이 조심스럽게 이루어졌다.

2023년 5월 11일 코로나-19 위기단계가 심각에서 경계로 하향되면서 6월 1일을 기점으로 전전긍긍하던 힘든 시간도 3년 4개월여 만에 일상적인 관리체계로 전환되어 병원 등 일부를 제외하고는 마스크 착용의 의무에서 벗어날 수 있었다.

새살이 차오르며 활기를 되찾기 시작했다. 학교도 우리의 주변도.

이곳에서의 지난 4년은 코로나-19와의 전쟁터였다. 확진자 동선 파악, 사회적 거리두기, 방역수칙, PCR 검사, 백신, 자가진단 앱, 자가진단 키트, 신속항원 검사, 격리, 변이 등의 총탄이 어지럽게 날아들어 오발탄이 명중되곤 하였다.

아직도 끝나지 않은 휴전 상태다.

또 다른 가을.

섬진강가에도 아직 전쟁의 상흔이 남아 있겠지만 평화를 기원하며 기껍게 다가가 자연을 벗 삼아 채움과 비움을 반복해 보고자 한다.

14

「인생나눔교실」 멘토링 이야기

조남미

우리들의 교육 이야기

1. 인생나눔 멘토를 지원하다.

순천○○중학교에서 수석교사로 정년퇴임하였다. 40여 년 동안 주된 관심사는 '아이들이 건강하고 행복하게 사는 것'이었다.

교직에 있으면서 대학원 석사과정(교육학, 영어교육), 전문상담교사 1급 과정을 마쳤고, 대학원 박사과정에서는 교육학(교육철학)을 전공하고 수료하였다. 2013년 서울대학교 행복연구센터에서 진행하는 행복워크숍에 참가하여 현재까지 행복수업 적용 방안에 대한 연구를 지속하고 있다. 또한 서울대학교행복연구센터 객원연구원, 사단법인 행복을 가르치는 교사들 모임의 이사, 운영위원으로 활동하고 있다. 교육현장에서는 수업 속의 인성교육을 위한 행복수업을 진행하였다. 수석교사로서는 교사, 학부모, 주민 대상 행복수업 적용사례 및 방법에 대한 컨설팅, 연수, 강의 등을 진행하였다. 학교에서는 전문적 학습공동체를 구성하여 동료교사의 수업 전문성 및 수업 방법 공유, 좋은 수업 컨설팅에 주력하였다. 교사, 학부모, 학생들과 함께 더불어 배우고 성장하는 행복수업 적용에 대한 연구를 병행하였고, 현장 교사 및 예비교사들과 결과물을 공유하여 왔다.

나는 교직생활에서의 의미와 재미를 아이들과 함께 배우고 성장하는 것에서 찾으며 지내왔다. 일은 삶을 풍요롭고, 의미를 찾는 데 매우 중요한 역할을 한다. 전라북도문화관광재단에서 호남권 인생나눔 멘토를 선발하는 데 지원하게 된 동기도 퇴임 후에도 일을 계속하기 위해서다. 인생나눔 멘토를 하고 있는 선배의 소개로 인생나눔교실 사업을 알게 되었다. 그동안의 교직생활 경험을 바탕으로 아이들에게 건강한 삶을 위한 마음 근육을 기르도록 하고 싶어서 인생나눔교실 멘토를 지원하게 되었다.

2. 인생나눔 멘토링을 준비하다.

멘토로 선발되었다. 하고 싶은 일이었기에 멘토 합격 소식은 잔잔한 기쁨을 주었다. 멘토 합격자 발표 후에 찾아가는 인생나눔교실 오리엔테이션 및 발대식이 광주 김대중컨벤션센터에서 튜터, 멘토, 멘티기관 담당자, 한국문화예술위원회 40여 명이 참여하여 진행되었다. 사업운영 안내와 보고서 작성요령, 멘티 기관 역할, 성인지 감수성 교육 등을 받았다. 공부를 계속할 수 있는 기회를 가지며, 여러 분야의 다양한 사람들을 만날 수 있어서 삶이 풍요로워지는 것 같았다.

사업 이해를 위해서 찾아가는 인생나눔교실 오리엔테이션 자료집의 내용에서 용어에 대한 정의를 정리해본다.

□ 멘토(Mentor)

인문적 소양을 갖춘 만 50세 이상의 세대로, 인생의 선배이자 친구로서 삶에서 체득한 풍부한 경험을 멘티와 나누고 소통하는 사람입니다.

□ 멘티(Mentee)

아동, 청소년 및 청년 세대로 급변하는 사회 환경 속에서 인생 선배와 대화, 소통이 필요한 사람입니다.

※ 인생나눔교실은 5명 이내의 멘티그룹으로 구성되어 있습니다.

※ 기관 파견형으로 멘티그룹은 각 기관(아동, 청소년 시설 등)에 소속되어 있습니다.

□ 멘토링(Mentoing)

멘토와 멘티가 만나 상호 배움을 통해 서로의 인생을 나누게 되는 과정입니다. 인생나눔교실의 멘토링은 멘토가 일방적으로 가르치는 수업과 강의를 지양하며, 사람과 사람이 만나 관계를 형성하는 과정 자체에 의미를 두고자 합니다.

□ 멘토스쿨(Mentor-School)

멘토의 역량 및 네트워크 강화를 위해 주관처(재단)에서는 워크숍을 마련합니다. 멘토의 멘토를 만나고, 인문적 가치를 체험할 수 있는 형태로 기획될 예정입니다.

□ 성과 공유회

매년 12월 호남권 튜터·멘토·멘티기관이 모여 한 해의 성과를 나누고 정리하는 축제입니다.

(2022 인생나눔 오리엔테이션 자료집 p. 10에서 발췌)

다음은 사업 추진체계 및 구조를 살펴보면 다음과 같다.

문화체육관광부에서 사업 방향 설정 및 추진체계를 마련하며,

사업 지원 및 운영 총괄, 사업 평가 및 중장기 발전방안을 마련한다. 한국문화예술위원회에서는 세부 실행계획 수립 및 지원기준 마련, 권역별 주관처 행정지원 및 협력, 사업성과 확산을 위한 홍보, 현장점검, 평가, 사업 결과 보고를 한다. 전라북도문화관광재단에서는 사업 기획 및 운영, 참여자 교육, 컨설팅, 사업 모니터링 및 프로그램 평가를 한다. "세대 간 소통의 인문 멘토링"을 진행할 수 있도록 한다.

멘토는 인문적 소양을 갖춘 만 50세 이상의 세대로 구성된다. 인생의 선배이자 친구로서 삶에서 체득한 풍부한 경험을 멘티와 나누고 소통하는 사람이다.

멘토링을 통해 관계 맺기를 이어가며, 지속적인 만남으로 서로의 이해와 관심이 깊어지고 상호 소통과 교감이 이루어지도록 하는 활동이다. 서로의 삶의 경험을 발견하고 공감하게 되며 함께 나누고, 배려하며 함께 성장하는 시간이 되도록 한다.

3. 인생나눔 멘토링을 진행하다.

2022년에 멘토링을 처음 시작하였고, 광주에 있는 ㅇㅇ시설 멘티들 6명을 만났다. 초등학교 2학년부터 6학년까지 구성된 멘티들과 소통하는 것은 쉽지 않은 일이었다. 멘토링을 2021년부터 시작한 선배와 함께 순천과 광주를 오가며 멘토링을 25회차 진행하였다. 멘토링 초창기에는 소통하는 데 어려움에 대해 선배와 많은 이야기를 나누었다. 그러나 회차를 거듭할수록 아이들과 '사랑'으로 소통과 나눔이 이루어졌다. 아이들이 나의 마음을 알게 되었을 때 나의 최대 도전 과제가 성공적으로 이루어졌다고 생각되었다. 그 과정에서 아이들과 내가 함께 성장하고 있음을 느껴 보람 있었다.

2023년에는 순천○○중학교와 ○○작은도서관 멘티들을 만났다. 2022년도의 사업이 아동, 청소년 시설에 집중하였다면, 2023년도는 작은도서관, 학교에서 자유학기제 진로멘토링, 방과후 시간 활용 멘토링으로 확산하여 진행되었다.

순천 인근에 소재한 작은도서관과 중학교에 인생나눔교실 사업을 설명하고 멘티기관으로 신청하기를 권장하였다. 찾아가는 이동시간을 절약할 수 있어서 훨씬 효율적으로 멘토링을 진행할 수 있었다. 2022년도의 경험으로 사업에 대한 이해가 쌓여 그를 바탕으로 멘티들 구성을 다양하게 할 수 있었다. 아이들 눈높이에 맞는 다양한 활동과 내용을 겸해서 행복 멘토링을 진행하였다. 소통, 배려, 나눔을 실천하고자 하는 사업의 취지에 근접하게 되어 뿌듯했다. 행복 멘토링을 소그룹으로 밀도 있게 진행하여 최대의 성과를 거두게 되었다.

가장 나에게 의미 있게 다가온 2023년 사례 하나를 소개하고자 한다. 2023년 계획은 18회차, 대상은 중학교 1, 2, 3학년 5명으로 구성하였다. 멘토링 주제는 '진로상담멘토링으로 좋은 습관 만들기'였다. 멘토링의 바탕은 '서울대행복연구센터 행복교과서 활용 행복원리 연습'으로 '행복이란 무엇인가, 감사하기, 관점 바꾸기 등 9가지 행복원리 연습'을 지속적으로 수행하였다. 감사하기 연습을 지속적으로 하면서 만날 때마다 감사노트를 적도록 하였다. 그 결과 아이들이 차츰 변화하는 것이 보였다. 특히 자신의 길을 찾아가는, 눈에 띄는 성과도 있었다. 멘토링이 마무리되고 난 후에 글을 써서 보내온 3학년 학생의 글을 소개하면 다음과 같다.

"이 글은 나의 지금까지의 인생이 헛되지 않았다는 걸 증명할 수 있는 마음의 글이다. 이 글이 나의 첫 글이자 내 인생 스토리이다."

인생나눔 수업에서 나는 많은 걸 깨닫고 배웠다. 세상이 어렵기만 하고 세상에 뒤처져 살아왔던 나였다. 무엇 하나에도 자신이 없고 미래에 꿈도 정하지 못한 채 방황하고 초조하기만 했었다. 그런 어두운 생활 속에서 인생나눔멘토링은 나에게 하나뿐인 빛이었다. 누군가에게 말을 건네는 것조차 서툴던 나에게 인생나눔멘토링은 나를 되찾게 도와주었다. 그러면서 나는 행복이라는 감정을 되찾을 수 있었다. 또한 나의 꿈을 펼칠 수 있게 도움을 받고, 나는 마침내 처음으로 꿈을 가지고 살게 되었다.

인생나눔멘토링을 하면서 다시 한번 세상을 향해 날아갈 수 있었다. 불안했던 나의 일상에 인생나눔멘토링은 내 삶의 전환점이 되어주었고 새로운 삶을 열 수 있었다. 인생나눔멘토링은 내가 살아가면서 가장 기뻤던 순간 중 하나로 뽑을 수 있다. 세상을 살다 보면 정해진 틀이라는 게 있다는 걸 알 수 있다. 나는 그 틀이 너무 싫었고 틀을 벗어나서 자유로운 자가 되고 싶었다. 하지만 난 그리 용기 있는 사람은 아니어서 항상 누군가에게 묻히고 말았다. 하지만 봄이 다시 찾아왔다. 나에게 다시 기회가 찾아왔다. 인생나눔멘토링에서 난 내 모든 걸 보여주었고 점차 그곳에서 인정받기 시작했다.

그 이후로 나는 재능을 뽐내며 자신감을 되찾아갔고 내가 즐거움을 느끼는 것이 무엇인지도 찾아냈다. 세상 살면서 그렇게 틀에서 벗어난 곳은 없었다. 자유롭고 높은 이곳에서 나는 제일 행복하다고 말할 수 있다. 난 많은 사람들에게 이 말을 전하고 싶다. "어둠 속에서 낙심하고 있을 때가 아니다. 어둠을 돌아다니다 보면 빛이 있는 법이다." 누군가는 날 이해 못 해도 괜찮다. 어둠은 끝이 없고 끝이 없기에 빛은 무한하게 찾을 수 있는 것이다. 난 이 끝없는 어둠을 돌아다니며 빛을 찾고 어둠에 삼켜지려는 자들에게 나의 빛을 나눠줄 것이다. 형태가 어떻든 아름다움은 변하지 않는 법. 난 내 능력으로 어둠을 밝혀볼 것이다. 설령 그것이 불가능이라고 말해도 밝힐 것이다. 인생나눔멘토링은 나에게 빛을 전할 수 있는 힘을 준 빛이었다.

내가 정말로 하고 싶은 말은 "세상을 있는 그대로 받아들일 필요는 없다. 무한의 가능성을 보아라. 인생나눔멘토링은 나의 모든 것이자 내 삶이다."

중학생 대상 진로멘토링 성과를 제대로 보았고, 멘토인 나에게 희망을 준 학생이다. 18회차로 끝나는 시간을 너무 아쉬워하자 재단에서는 4회의 연장 시간을 주었다.

다음은 활동사진을 몇 장 실어본다.

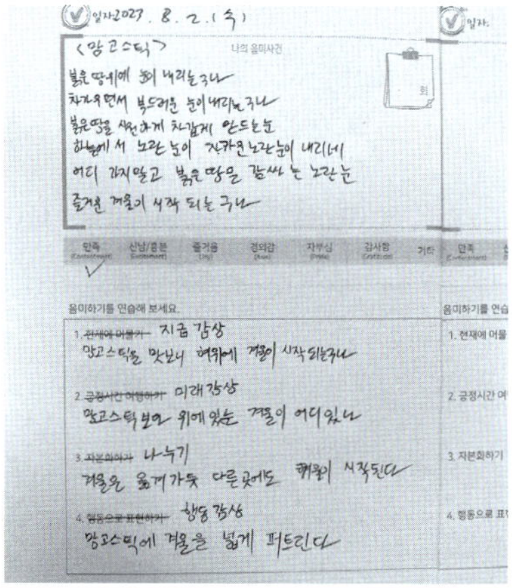

멘토링 진행장면 -'음미하기' 연습　　　멘토링 진행장면 - '음미하기' 연습

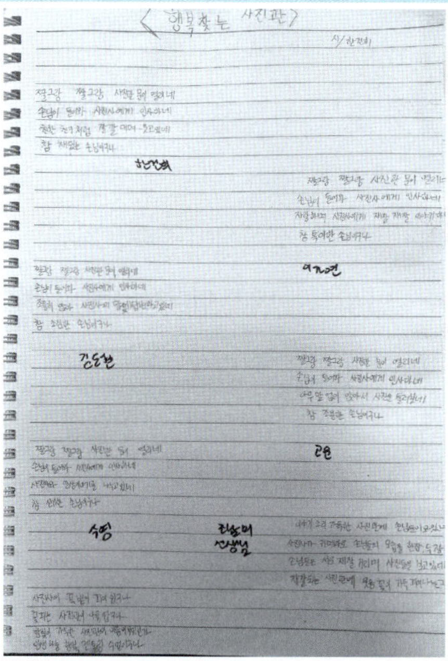

'행복 찾는 사진관'이란 시를 지어 멘토링 분위기를 묘사했다._한○○

몰입하기_몰입과 중독의 차이점 알기

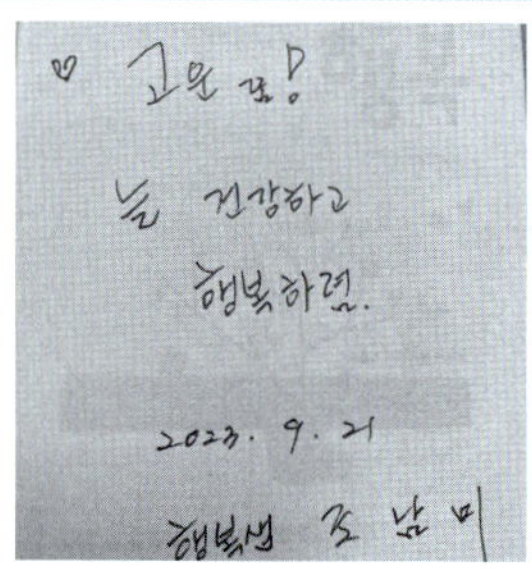

행복 교과서, 메모리 크래프트 책 선물

4. 인생나눔 멘토링을 마무리하다.

2023년 작은도서관 아이들은 초등학교 1학년 6명으로 구성되어 20차시를 진행했었다. 2022년 시설의 초등학생 멘토링 경험을 바탕으로 진행하니 훨씬 수월하였다. 초등학교 1학년이지만 아이들은 어휘력, 창의력이 풍부하며, 많은 질문을 하였다. 초등학교 행복 교과서를 중심으로 서로의 이야기를 통해서 건강한, 좋은 습관을 갖도록 하였다.

순천ㅇㅇ중학교 학생들은 1, 2, 3학년 5명으로 구성하여 가족적인 분위기를 만들었다. 형과 동생, 오빠라고 부르며 친숙한 관계 맺기를 하였다. 자신의 강점을 알아가며 마음껏 자존감을 기르는데 중점을 두었다. 2022년 멘토링은 '사랑', 2023년 작은도서관 아이들에게는 '함께하며, 배려, 나눔', 중학생들에게는 '자존감'을 기르는 데 초점을 맞춰서 진행하였다. 헤어짐을 무척 아쉬워하며, 다음에 다시 만날 것을 기대하고 있었다. 활동을 마무리하며 그동안의 사진들을 모아서 전달해주었다. 중학교 3학년 학생은 새벽 2시까지 자신이 부른 노래를 배경음악으로 넣어 영상을 만들면서, 추억에 젖어 눈물이 났다고 한다.

"선생님을 만나서 기뻤습니다. 항상 마음속에만 감춰두었던 저의 재능과 성격을 맘 편히 표현할 수 있었습니다. 선생님의 밝은 모습이 저는 참 좋았습니다. 정말 감사했습니다. 이런 즐거운 시간을 같이 나눌 수 있게 해주셔서 감사했습니다. 선생님도 앞으로 좋은 삶만 살아서 행복을 즐기세요. ~정말로 감사드립니다. 너무 빨리 헤어져야 한다는 게 너무 아쉽지만 다음에 꼭 만나기로 약속했으니 다음에 꼭 만나요~!! 정말 감사했고 존경합니다.
조남미 선생님. 지금은 봄이 지났지만 봄은 다시 오잖아요?
지금 선생님이랑 떨어져도 다시 만날 거라고 저는 믿어요^^ 행복하세요~".

멘토에게 힘을 실어주는 대화 내용이다. 친구들과 어울리기보다 혼자 사색하는 시간이 많고, 도서관에서 책 읽기, 시 쓰기, 그림 그리며 노는 학생이다. 꽉 짜인 학교생활을 하며 방과 후에 이루어지는 멘토링에 참여하기가 쉽지는 않다. 멘토링 진행하는 진로실은 아이들의 '퀘렌시아!, 진정한 쉼터, 힐링 공간과 시간'이 되었다. '인생나눔교실은 선배 세대와 새내기 세대의 인문적 관계 맺기를 통해 세대 간 소통을 하며 고령화 사회의 노년에 대한 적극적이고 주체적 역할을 부여하는 데 사업목적이 있다.'고 한다. 의미 있고, 좋은 프로그램이라고 생각되며, 멘토와 멘티 모두에게 참여를 권장하고 싶다.

15

體(체) · 德(덕) · 知(지)의 教育(교육)으로

신봉호

우리들의 교육 이야기

우리나라 교육의 목표는 知(지) · 德(덕) · 體(체)이다. 그래서 거의 40년 가깝게 교육에 몸담아온 필자를 비롯한 우리는 운동보다 공부, 취미생활보다는 공부를 강조해 오게 되었다. 심지어는 사람으로서 살아갈 수 있는 도리보다 지식을 가장 우위에 두는 경향이 있다. 그것은 경쟁하는 사회생활에서 선점하기 위해서는 공부를 잘하는 것이 우선이었기에 청소년들에게 지식을 강조하고 주입하기를 주저하지 않았던 것이다.

늦게 시작해서 앞서가는 선진세계의 과학과 경제를 따라잡으려는 정책에 우리나라의 청소년들은 심신의 성장과 정서에 혼란을 맞이하였다. 그런 혼란스러운 성장기를 몇십 년 보낸 뒤 그때의 소년들이 이 나라를 짊어지고 책임져야 할 시기가 오면 중대한 문제가 발생하지 않을 수 없는 것이다. 특히 최근 사회적 이슈로 등장한 '학생 인권과 교권' 사이의 프레임이 아니라 우리나라 사람들의 편도체(두려움, 짜증, 화, 분노, 공격 등 주로 부정적 정서) 안정화를 위해서 교사의 지위를 대폭 올려주는 것이 필요하다.

교사의 사회적 지위를 높이고, 학생 · 학부모들의 편도체를 안정화시켜야 한다. 학폭 등 처벌을 강화하는 것만으로 청소년 폭력 문제는 해결되지 않는다. 폭력을 일으키는 것을 보면 편도체가 활성화된 상태인데 중학교 시절까지 편도체는 거의 미성숙한 편도체만 있는 동물에 가깝다.

예측력, 판단력, 의사결정력, 문제해결력, 과제지속력, 끈기, 집중력, 감정조절력, 충동조절력, 자신에 관한 정보처리, 타인에 관

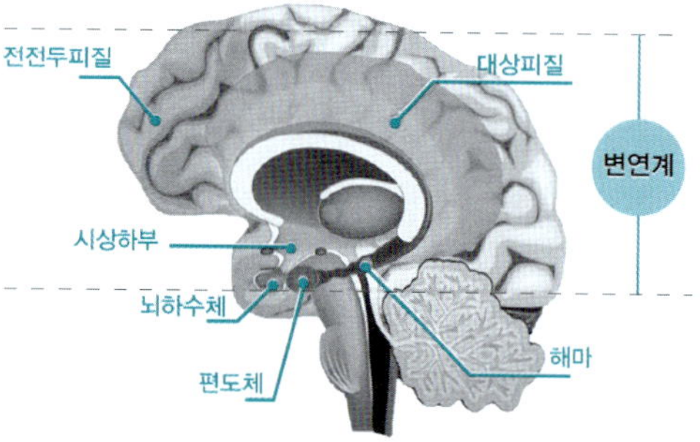

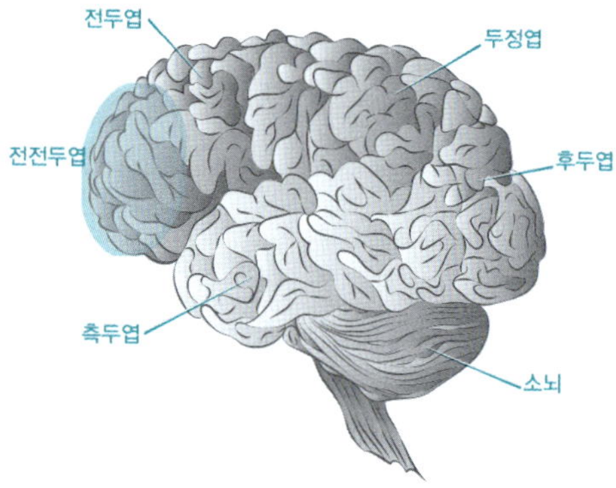

한 정보처리, 상대방의 의도와 감정파악은 전전두피질에서 한다. 그런데 전전두피질은 청소년한테는 거의 없(아직 발달되지 않아 전전두피질의 기능은 만 25세 이후 성인이 되어서야 비로소 자리를 잡는다)다.

처벌 강화는 편도체에게 얘기하는 게 아니라 전전두엽에게 얘기하는 것이다(네가 폭력적인 행동을 하게 되면 너는 후회하게 될 거야, 평가가 될 거야). 그래서 처벌 강화가 아니라 편도체 안정화 집중훈련(감사일기, 행복일기, 명상, 유산소운동, 자기 몸에 긍정적인 걸 해 주고)을 하여야 된다. 또한 몸에 대한 능력(내 몸이 어떻게 작동하고 내 감정이 어떻게 되는가)을 어려서부터 가르쳐야 한다. 유치원 때부터 운동이나 명상 등을 하면 좋다. 몸의 철학자 '메를 로퐁티'는 몸으로 현상학을 통째로 재구성한 학자다. "인간성의 핵심은 정신, 영혼이 아니라 몸에 있다(I am my body). 모든 존재 의미는 자신의 시각적 토대인 몸이 실존함으로써 정립된다"고 주장하였다. 또한 영국의 철학자 존 로크 역시 知·德·體가 아닌 體·德·知 순으로 아이들을 교육해야 한다고 주장했다. "너는 너의 몸 그게 너야." 그러므로 너의 본성인 너의 몸을 잘 지켜야 되고 다른 사람의 몸을 해치는 일은 상상도 할 수 없는 일이다는 것을 어려서부터 가르쳐야 된다.

그러나 현시점에서 대중매체, 현대문화에는 몸에 대한 파괴만 보일 뿐 존중이 없다는 것이다. 프랑스 철학자 데카르트는 정신과 육체를 각각의 두 실체로 규정한 심신이원론을 주장하였다. 그래서 몸의 구조, 척추 구조, 골반 구조, 관절 구조, 몸 어디와 감정이 연결되고 심장과 호흡이 어떻게 되고 있는지, 몸과 정신의 연관성을 어려서부터 가르쳐야 된다고 생각한다. 그런데 흔히들 감정(emotional)이 아직도 정보처리(information precessing)로 일어난다고 착각하고 있다. 즉 트라우마나 감정의 문제가 나쁜 기억에 기반한 정보처리에 의해서 생긴다고 이야기하는데 감정은 장 신호, 심장 신호에 대한 해석으로 나온다.

감정의 문제는 내 생각(thinking), 내 의도대로 조절이(왜냐하면 마치 통증과 같은 것) 잘 안된다.

몸과 몸에 대한 움직임 知·德·體가 아니라 體·德·知라는 주장은 그리스 시대, 윌리암 제임스, 존 로크도 강조했으며, 우리나라도 20세기 초까지는 體·德·知였다.

그래서 필자는 다시 한번 강조하여 교육의 문제를 해결하기 위해서는 知·德·體를 體·德·知로 바꿔 인간성을 회복하는 것이 먼저라고 생각한다.

16

가르치는 것이 말처럼 쉽더냐?

정수애

우리들의 교육 이야기

내가 학생들을 가르치면서 내린 결론은 한마디로 "가르치는 것은 말처럼 쉽지 않다"라는 것이다. 그러나 내가 무엇인가를 배우는 가장 좋은 방법은 누군가를 가르치는 것! 이라고 자신 있게 말할 수 있다.

잘 가르친다는 것은 단순히 자신이 알고 있는 지식을 나열하는 것이 아니라 학생들에게 어떻게 잘 연결(linking)시켜 주느냐가 더 중요한 것 같다.

세상에 존재하는 다양한 직업 중에 쉽고 가치 없는 일이 어디 있을까?

교육자라는 직업, 즉 가르치는 일은 그 무엇보다도 어렵고 가치 있는 일일 것이다. 한 사람을 하나의 인격체로 성장시켜 새로운 세상을 짊어질 수 있도록 하는 것이 교사의 임무이기 때문이다. 그렇기 때문에 교사는 한 교과에 대한 전문가여야 하는 것은 물론이고 학생들의 진로, 가치관을 결정지을 수 있는 안내자의 역할도 담당해야 한다.

나 또한 좋은 영향이든 나쁜 영향이든 학창시절에 교사의 영향을 많이 받았다. 학생들은 학창 시절을 보내면서 무엇보다도 교사의 영향을 가장 많이 받는다. 교사의 한마디에 아예 다른 사람으로 변하기도 하고 교사를 인생 모델로 삼아 자신의 진로를 꾸려나가기도 한다. 실제로 내가 중학교 3학년 때 국어 선생님의 영향으로 진로를 정할 수 있었고, 그분께서 조언해주신 말 한마디 한마디를 지금까지도 나의 인생 나침반으로 삼고 있다. 이처럼 교사의 역할은 한 학생의 인생을 좌우할 수 있다는 점에서 매우 중요하다고 볼 수 있다.

뿐만 아니라 교사는 지식 전달자로서도 막중한 임무를 띠고 있다. 학생들은 12년간의 정규 교과 과정을 거치면서 살아가는 데 필요한 기본 지식을 습득한다. 우리나라의 현실상, 이 시기가 아니면 실질적으로 기본적 지식을 배울 수 있는 기회는 거의 없다고 볼 수 있다. 따라서 학생들은 학창 시절에 배웠던 지식을 바탕으로 세상을 살아갈 지혜를 얻는다. 특히 도덕 · 윤리 과목 같은 경우 대학에서는 깊이 있게 배울 수 없는 과목이다. 스스로 교양과목으로 선택해서 듣지 않는 이상 고등학교 졸업과 동시에 '도덕과는 안녕'이라고 할 수 있다. 이렇게 볼 때, 학생들은 안타깝게도 학생들이 평생 지녀야 할 기본윤리, 인간의 존엄성, 인격, 인성, 예의 등을 배울 기회를 고등학교 이후로 놓쳐버리는 경우가 된다.

그럼에도 불구하고 교사는 학생들이 한 사회에 잘 적응하고, 규칙을 준수하며 올바른 시민으로 성장할 수 있도록 이끌어야 한다. "세 살 버릇 여든까지 간다."라는 속담도 있듯이, 어린 시절에 가졌던 생활 습관은 성인이 되어서도 그대로 유지된다. 따라서 학생들이 하나의 당당한 시민으로 인정받고 이 사회의 일원으로 성장하기 위해서 교사는 그들의 생활 습관과 태도 등을 관리하고 교정해 줄 의무가 있다.

더 나아가 교육은 학생의 인격적인 측면, 지식적인 측면, 생활적인 측면을 골고루 배합하여 학생들이 하나의 인간으로서 성장해가도록 하는 조력자의 성격을 가지고 있다. 학생이 인생의 진로를 개척하고 하나의 가치관을 성립할 수 있도록 안내하고 사회를 살아가는 기본적 지식과 생활습관을 형성할 수 있도록 도와야 하는 것이다. 따라서 궁극적으로 교육은 가치관, 지식, 생활습관을 모두 겸비한 하나의 사람, 인격체를 길러내는 것이라고 할 수 있다.

그러나 최근 우리 사회에서는 학생생활지도를 둘러싼 논쟁이 이어지고 있다. 교권이 바로 서지 않은 한 학생생활지도는 불가능하다는 의견이 있는 반면, 다른 한편에서는 교권을 학생 처벌과 통제권의 수단으로서 왜곡 사용해서는 안 된다고 주장한다. 나는 70~80년대 학교에 다닌 사람으로서 과거 우리 사회에서는 교권에 대한 도전을 용납하지 않았으며, 생활지도를 위해 학생들을 체벌한다고 할지라도 사회적으로 용인되는 분위기였다. 하지만 최근 학생인권의 중요성이 강조됨에 따라 과거 당연시 여겨졌던 교권의 힘이 약화되고 있다. 이를 놓고 교사들은 교권이 무너지고 있는 상황에서 학생생활지도는 불가능하며, 갈수록 교육하기 어려운 환경으로 전락하고 있다고 말한다.

모든 변화에는 갈등이 수반된다. 교육 패러다임이 변화하는 상황 속에서 과거와 동일한 방식으로 교권을 해석하고 교사의 말을 잘 듣는 학생만을 '좋은 학생'이라고 정의하는 것은 무리가 있다. 교사들이 변화하는 교육 환경을 받아들이지 못한다면 비현실적 기대를 현실화하는 과정에서 갈등은 증폭될 수밖에 없다. 학생인권과 교권은 대립하는 개념이 아니다. 둘 중 한 가지만을 선택해야 한다는 인식은 갈등의 해결책이 될 수 없다. 갈수록 학생들의 욕구와 반응이 다양화되고 있으며, 공교육에서 학생들에게 길러주어야 할 역량 또한 변화하고 있다.

그렇다면 학생인권과 교권이 마찰을 빚을 때 교사는 어떠한 선택을 해야 할까? 수업 중에 졸고 있는 학생이 있다고 가정해보자. 교사가 학생을 깨우기 위해 귀를 세게 잡아당겼다고 했을 때 과거에는 교사의 행위가 학생생활지도를 위해 정당화될 수 있는 행동으로 인식되었을 것이다. 하지만 변화한 시대에서 학생은 자신의 허락 없이 몸에 손을 대고 물리적 고통을 준 것을 인권침해라 주장할 수 있다. 실제로 이러한 일이 사회에서 벌어졌을 때 이는 상급자에 의한 '갑질행위'로써 비난의 대상이 될 수 있다.

교사들은 학생들의 생활지도를 할 수 없는 환경에서 교육활동을 포기해야 하는 거냐고 말할 수도 있다. 하지만 수업 시간에 졸고 있는 학생은 스스로 교육받을 권리를 포기한 행위일 수 있으나 이것이 곧 교사의 교육할 권리를 침해한 행위라고는 볼 수 없다. 교사는 학생의 생활지도를 위해 체벌을 하기보다는 그 학생이 왜 졸고 있었는지, 교육에 집중하지 못하는 특별한 이유는 무엇인지를 찾고 해결책을 제시해야 한다.

가정에서 부모가 훈계하지 않으면 부모가 망하는 게 아니라 자식이 망하듯이 교사들이 가르치지 않으면 교사가 망하는 것이 아니라 학생이 망한다는 논리를 명심해야 한다.

따라서 부모와 교사들은 실제 학교 현장에서 끊임없이 변화하고 예측할 수 없는 변수들의 연속이기 때문에 이러한 교육환경을 서로가 잘 받아들이고 이해할 때 비로소 학생인권과 교권이 모두 존중받는 교육 환경이 우리 사회에 정착할 수 있을 것이다.

글을 마치면서 나는 다시 한번 강조하고 싶다. "학생이 가르침을 받지 않으면 가르치는 교사가 망하는 게 아니라 학생이 망한다고…"

17

나의 교직(敎職) 생활(生活)

신봉호

우리들의 교육 이야기

나는 우주항공 단지로 부상한 고흥군에서 농부의 4남 2녀 중 둘째 아들로 태어났다. 부친께서는 당신이 못 배운 한을 자식에게 대물림을 원하지 않아 자식들의 공부는 가르쳐야 한다는 일념으로 근검절약하여 어려운 여건 속에서도 형과 나, 여동생을 대학에 진학시키시는 등 자녀들 교육에 열의를 다하셨다. 교육에 온갖 정성을 쏟으시는 부모님 덕택에 고등학교부터 광주로 유학하여 우수한 학교성적을 유지하여 담임선생님의 권유로 전남대학교 법대에 합격하여 2학년을 다니다가 적성에 맞지 않아 군에 입대하였는데 입대하면서 인생의 전환점을 맞이하게 되었다. 군대 생활을 강원도 묵호에서 할 당시 남녀노소 가리지 않고 그물 수선을 하고 아내는 쟁기를 앞에서 끌고 남편은 쟁기질을 하는 모습을 보고 내 인생의 전환기를 맞이하였다.

일손이 부족하여 어린아이들이 학교에 가지 못하고 그물 수선과 농사일을 돕는 모습을 보면서 나는 전역을 하면 이곳의 어린 자녀들처럼 교육의 혜택을 누리지 못하는 학생들을 가르치는 교사가 되겠다고 결심하고 군 생활을 하면서 틈나는 대로 공부를 하여 사범대학에 다시 입학하게 되었다.

대학을 졸업하고 1986년도 고향 고흥풍양중학교에 첫 부임하면서 학생들이 나와 같이 적성을 잘 알지 못하고 진학하여 인생을 허비하는 일이 없도록 해야겠다는 굳은 신념으로 진로교육에 전념하면서 학교의 궂은일을 도맡아 했다. 교직생활을 하면서 나는 교사란 직업이 저에게는 천직이라는 생각을 많이 하였다. 부모님도 내가 사범대학을 졸업하여 교직에서 학생들을 가르치시길 바라는 마음이었다는 것을 뒤늦게 깨달으면서 부모님에 대한 보답은 내가 학생들을 잘 가르쳐 훌륭한 인재로 키워내는 것이라 생각하였다. 그 후 난 오로지 학생들의 학력 향상과 올바른 인성교육을 어떻게 하면 잘할 것인가에 관한 연구를 게을리하지 않았다. 해를 거듭할수록 교직에 대하여 보람을 느끼고 역량을 최대한 발휘할 수 있는 직업이 교사가 아닐까 생각해본다.

나 자신의 교직 발전과 학생들의 진로교육에 도움을 주고 싶어 석 · 박사를 진로와 연관이 많은 진로상담을 전공하였고 연구활동도 많이 하였다. 교사 시절에 기억에 남는 보람은 ㅇㅇ중학교 근무 당시 특수학생 담임을 하면서 잘 지도하여 현재 일반회사에

서 직업을 갖고 잘 살아가고 있는 것이다.

2010년 9월부터 ○○○중학교 교감으로서 근무 중 느낀 것은 학생을 사랑하고 상담하며 개개인에 대한 소질과 특기·적성을 정확히 파악하고 학습지도와 인성교육을 철저히 하여 자신의 진로를 스스로 개척해 나가도록 도움을 주는 것이라 생각했다. 교감 시절에 기억에 남는 보람은 청각장애학생이 ○○에서 1학년 때 수영을 시작하여 선수생활을 하려고 했으나 따돌림을 당해 우리 학교로 전학을 왔는데 대다수의 교직원의 반대에도 불구하고 본인이 앞장서서 전학을 받아 2013년 전국장애인체육대회에서 금메달 2개를 수상하였고 다문화 학생 멘토를 맡아 열심히 지도한 결과 ○○고등학교에 진학시켜 보람을 느꼈고 영어 및 진로동아리에 공모하여 선정되어 2년간 지도하였다.

그리고 교장이 된다면 독단적으로 결정하지 않고 공동체들과 함께 협의하고 대화를 통한 의사결정과정과 끊임없는 자기 연찬과 노력 그리고 무엇보다도 일을 추진할 수 있는 열정을 갖고자 했다. 또 한편으로는 특수학생이나 다문화학생 등 소수인에 대한 편견을 버리고 우리사회에서 함께 더불어 살아갈 수 있도록 배려하고 도와주는 교장이 되겠다고 다짐하였다.

그리고 전임 교장선생님들의 교육활동을 유지시키면서 서서히 변화와 혁신을 나 자신부터 실천하여 학생들이 자신의 진로를 최우선으로 탐색하고 계획하고 미래사회에 적응할 수 있는 창의성과 비판능력을 길러 꿈과 끼를 키우는 학생, 열성으로 가르치며 덕망이 높은 교사, 화기애애한 학교를 만들기 위해 교장은 지식기반사회에서 요구되는 인적자원을 길러내기 위해 학교의 교육내용

과 방법을 전환하여 융합교육과 감정코칭을 유도하며 학교단위 책임 경영을 정착시켜 행복 학교를 만들기 위하여 사범대학 입학부터 지금까지 관심을 기울여온 나의 교육철학과 교육관 및 노작교육을 순천○○중학교에서 실천하였다. 교장 시절에 기억에 남는 보람은 자유학기제를 잘 운영하여 전라남도교육청에서 1년간 순천○○중학교의 교육활동을 SBS에서 홍보해주었던 일, 호주와 공동으로 영어수업을 진행했던 일, 전국대회 사격 부분 금메달 등 다수 수상, 100대 교육과정 우수학교 표창, 순천○○중학교 배구부 각종 전국대회에서 다수 수상했던 일, 또한 ○○대학교 교육대학원에서 2008년부터 2023년 2월까지 후진 양성에 힘썼다.

18

상견례

차광준

오랜만에 기차를 탔다. 큰아들 혼인을 위한 상견례가 있는 날, KTX를 타고 천안 아산으로 올라갔다. 둘째 아들이 먼저 결혼을 하였지만 여러 사정 때문에 양가가 처음으로 인사하는 상견례 자리는 처음이었다. 우리나라에서의 혼인은 개인과 개인의 만남뿐만 아니라 양가 부모, 집안끼리의 결합으로 인식하기 때문에 상견례는 매우 중요한 의례이다. 서로 남남으로 살던 사람들이 한 가족이 되어 새로운 가족으로 탄생하는 기쁜 순간의 시작이지만, 결혼을 앞둔 신랑과 신부는 이날 양가 부모로부터 혼인 승낙을 받고, 혼인의 절차를 공식적으로 결정해야 하기에 매우 긴장되는 자리가 아닐 수 없다. 상견례 자리가 청춘남녀를 갈라놓는 경우도 많지 않던가!

그날 저녁 6시에 며늘애 될 아이의 부모님을 아산의 예약된 한 정식집에서 처음 뵙기로 하였다. 무슨 일이든지 특히, 누군가를 처음 만난다는 것은 대인공포증을 지닌 듯 긴장되고 무거운 마음을 갖게 한다. 그렇듯이 가볍지 않은 마음, 불편한 심정을 가득 담고 만남의 자리에 들어섰다. 그런데 방으로 들어서서 사돈 될 내외분의 얼굴을 대하는 순간 마음이 편안해지고 불편함이 사라지는 듯했다. 수더분해 보인다고 해야 하나, 처음 대면인데 친근감이 들었다. 사돈 내외분 모두 나보다 연배가 높아서인지 세월의 풍파를 여러 차례 견디면서 살아오신 때문인지 얼굴 표정이며 말투가 차분하고 온화했다. 나이는 불과 두세 살 많을 뿐인데 여러 가지 개인사업을 하면서 고생을 많이 했다고 한다. 특히 여러 부류의 사람들과 관계 맺음을 하는 동안 불신과 배신의 시간을 더러 겪고 이겨내면서 내공이 많이 쌓였다고 한다. 그만한 경험과 성품을 갖지 못한 나와는 삶의 과정과 치열함이 달랐다.

불편한 마음을 떨쳐내서인지 두 아이의 혼인이 이미 허락되어서인지 사돈, 사부인이란 호칭이 의외로 쉽게 입에서 빠져나왔다. 5년 넘게 사귀면서 양가를 오가며 이미 눈도장을 받아놓은 상태여서 혼인 승낙은 문제 될 것이 없었다. 그러나 혼인 절차와 혼수 등 세속적인 풍속과 허례허식들을 과감하게 떨쳐내기가 쉽지 않을 것이라고 지레 생각하고 고민을 많이 했었다. 그런데 며늘애 될 아이가 결혼식만 올리면 된다고 모든 비용을 둘이서 해결하겠다고 선언을 한 것이다. 하지만 사돈 내외분의 속마음이 어떨지 걱정이 되었다.

아이들과 나는 이미 입을 맞춰 놓은 결과였다. 사돈 내외분도 기특하다며 칭찬과 축하는 말을 건네 한층 머리가 가벼워지고 분위기가 화기애애해졌다. 마음속을 내보인 것 같아 얼굴이 화끈거렸지만, 입으로 들어가는 음식이 달고 맛있었다. 결혼식장도 결정되었다. 사장어른이 계시지 않은 사돈의 배려로 신랑 쪽 근거지에서 결혼식을 올리기로 하여 상견례 소기의 목적은 달성되었다.

양가가 서로의 가정환경에 대한 이런저런 얘기를 나누며 식사자리를 마치고 결혼식 날 만날 기약을 하고 헤어졌다. 딱히 서로의 깊은 속내를 드러내 삼사일언(三思一言), 미사여구(美辭麗句) 할 말이 없었다. 헤어지면서 사돈이 곶감 한 상자를 건네주었다. 미처 생각지도 못한 선물을 받았다. 곶감 한 상자에 사돈의 인격과 마음이 전해지며 미안함과 감사한 마음이 교차했다. 사돈의 고향이 경상남도 상주인데 고향을 떠난 이후로 여태까지 매년 그곳 친지에게서 곶감을 받아먹고 있다고 한다.

양가가 여러 가지로 비슷한 듯하여 흡족하였다. 부디 사돈댁도 그러하기를 희망한다. 애들 아파트로 돌아와 맥주 한 캔씩을 마시며 직장 이야기며 어렸을 적 이야기 등을 나누고 홀가분하고 편안한 마음으로, 처음으로 장만한 비록 전셋집이지만 아들 집에서 곤하여 달게 잠이 들었다.

19

우리는 각자의 삶 속에서 수많은 힘듦을 견뎌내며 오늘을 살아간다

조혜영

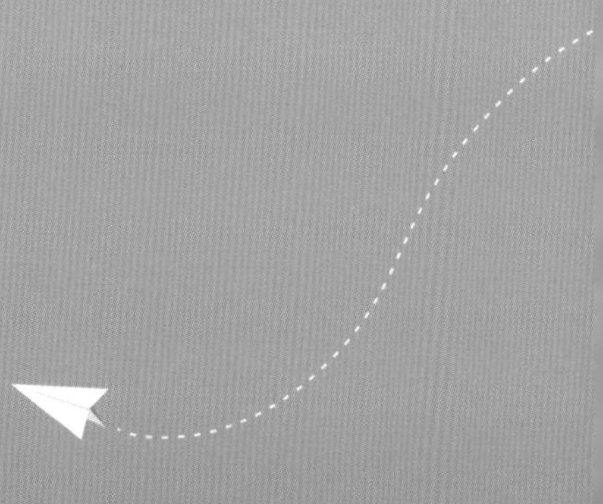

"고1 아들이 우울증으로 학교에서 자해도 하고
적응하기 힘겨워해서 남편과 나 역시 우울과 소진을 겪고 있어요.
지금 느끼는 혼란스러움과 우울을 이겨내고
든든한 부모로서 아이 옆에 있고 싶어요"

초기에는 아들의 우울증과 자해가 상담의 주된 이슈였다. 하지만 그녀의 삶의 히스토리를 들어보니 아들이 아닌 자신의 문제를 해결하고자 하는 잠재적 욕구가 더 강하였다. 우리는 엄마, 아내, 며느리, 직장인으로서 매 순간 힘겹게 살아가고 있는 그녀에게 초점을 맞추기로 했다. 아들은 학교상담실에서 병원 그리고 사설 상담센터에서 충분히 케어를 받고 있었기에 '먼저 엄마가 한번 살아봅시다' 이렇게 그녀와 함께하는 심리상담이 시작되었다.

갑옷을 입은 그녀

어린 시절부터 그녀의 가족으로부터 늘 들어온 말이 있다.

"교사가 될 사람이 그래서는 안 된다. 옷은 단정하게 입어야지 나시티 같은 것을 입으면 절대 안 된다."

그렇게 그녀의 취향을 고려하기보다는 부모님에 의해 보여지는 면을 최우선으로 신경 쓰는 삶이 시작되었다.

사람들과 함께하는 자리에서는 '말하는 나'와 '과묵한 나' 사이에서 매 순간 혼란스러웠다. 말을 하게 되면 나를 가볍게 보고 함부로 대하지 않을까? 과묵하게 있으면 나를 어려워하고 좀 더 전문직

답게 보이지 않을까? 입는 것부터 먹고 마시는 일, 말을 해야 할지 말아야 할지 언행까지도 수도 없는 고민과 자기 검열이 오갔다.

그녀는 끊임없이 스스로를 갑옷으로 무장했다. 긴 세월 그 갑옷이 자신을 얼마나 조여왔을지 느껴지지 않을 만큼 참 모질게 자신을 갑옷에 맞추어 살아왔다. 그렇게 하는 것이 그녀 자신을 보호하는 유일한 방법이라 착각했다. 갑옷 덕에 누구도 자신을 함부로 할 수 없다고 믿어왔다.

다행히 그녀가 유일하게 갑옷을 벗고 만나는 사람이 있었다. 바로 남편. 그녀의 남편은 자신을 어린아이처럼 부족한 부분을 말없이 채워주고 자신의 모든 민낯까지도 품어주는 유일한 사람이었다. 정작 그녀는 갑옷을 입은 자신이 강한 사람이고 남편은 반대로 너무나 유약한 사람이라고 생각했지만…

그녀에게 자신이 바라는 이미지를 어떤 동물로 표현하고 싶은지 물었을 때 긴 시간 고민하더니 이렇게 이야기했다.

“선생님, 저는 참 많은 시간 곰처럼 살았습니다. 우직하게 귀 닫고 눈감고 벙어리 삼 년 장님 삼 년 여우처럼 살면 안 되는 줄 알았습니다. 그런데요. 저 이제 치타처럼 살고 싶습니다. 가장 빠르면서도 신중하고 자신을 지킬 줄 아는 그러면서도 아름답기까지 해요. 저 치타가 너무 맘에 들어요.” 그녀는 천진난만한 어린아이처럼 환하게 웃었다.

한 주가 지난 후 그녀는 정말 치타가 연상될 정도로 멋스러운

스타일과 걸음걸이에서부터 풍기는 자신감을 장착하고 나에게 인사를 건넸다. 그리고는 반가운 소식을 한 가지 더 들려주었다. 아들이랑 지난밤 함께 손잡고 산책로를 걸으며 학교에 다시 다니기로 이야기 나누었다고.

'상담을 받기 시작했던 가장 큰 이유는
나에게 닥친 어려움을 이겨내고 싶었기 때문이었다.
그 당시 나는 내가 무엇을 어떻게 해야 할지 알기 어려웠다.
또한 사람들로부터의 상처를 받지 않고자
두꺼운 갑옷을 입고 투구를 쓰고 있었다.
상담을 받으며 나는 나를 휘감고 있던 두꺼운 갑옷을 벗자고 마음먹었다.
내가 보이고 싶지 않았던 부분들을 여과 없이 드러냈다.
누군가에게 나의 속내를 보이는 일은
하지 않았던 일이었는데 이야기를 하니 속이 시원했다.
매회기 나의 강점이라 할 수 있는 부분의 이야기를 들으며
내적 힘을 추스를 수 있었고 진정으로 내가 원하는 것이 무엇이며,
무엇을 우선으로 삼아야 할 것인지 함께 고민했다. 내 이야기를 이렇게 진지하게
오롯이 나에게 집중한 누군가가 나의 이야기를 들어주니 인간으로서 존중받고
나의 존재감을 인정받는 듯했다.'

상담자로서 살면서 이런 질문을 종종 받는다.

"힘든 사람들 만나서 계속 말해야 하는데 힘들지 않아요?,
상담자가 힘들 때는 어떻게 풀어요?"

상담자도 사람인지라 힘들 때는 힘들다고 말한다. 그것이 상담 관계일 때에는 "당신과 상담하는 지금 이 순간 참 많이 힘이 듭니

다. 당신의 이런 말과 태도는 저에게도 상처가 됩니다."라고 말할 때도 있다.

아이러니하게 상대는 일부러 상처 주기 위해 그런 말과 행동을 하는 경우는 드물다. 단지 자신이 타인과 소통하고 관계 맺는 습관에 따라 일상적으로 표현하고 행동했을 뿐. 그래서 상담 장면에서는 이러한 부분을 직면할 수 있도록 다루어 줄 필요가 있다.

상담을 하는 사람들은 주변에 상담자들이 참 많다.

함께 일하는 동료, 대학원 동기, 선후배 그리고 상담 공부하며 만난 인연들, 그래서인지 힘들 때 전화기를 들어 편하게 힘든 일들을 나눌 사람들이 참 많다.

복 받은 직업이고 행복한 직업이다. 평생 무료 상담서비스를 함께 나눌 지인들이 늘 함께하고 있으니.

그리고 상담자로서 살아가는 동안 인간의 삶에 대해 끊임없이 공부하고 상담을 통해 건강하게 변화되어가는 내담자들과 함께 성장하고 성숙해간다.

그래서 나는 오늘도 행복한 상담자로서 살아간다.

일상 속에서의 나는 누군가의 딸, 엄마, 아내, 며느리 다양한 역할 속에서 참 많은 일들을 마주하고 힘겨워하고 그럼에도 또 해내고 살아가고 있다.

당신도 나도 그렇게 우리는
각자의 삶 속에서 수많은 힘듦을 견뎌내며 오늘을 살아간다.

20

꿈과 희망 그리고 도전

김영빈

나는 전남 광양시 광양읍 새터길 9-22번 길(구산리)에서 태어났다.

1963년 3월 초등학교에 입학하던 날, 아버님의 손을 잡고 설레는 마음으로 입학식에 참석했던 기억이 생각난다. 초등학교 시절에는 방과 후에 친구들과 개구쟁이와 같이 매일 노는 것에 바쁘게 지냈고, 그냥 평범하게 학교생활을 한 것 같다. 그때는 방학이 되면 광양읍 변두리에 있는 동네 거리, 서정기다리, 도치바구, 간네바구, 배튼머리, 선베미 등에서 여름에는 수영하면서 시간을 보냈고, 겨울에는 나무로 스케이트를 만들어 냇가에서 썰매를 타는 것이 유일한 놀이터였다. 참으로 그 시절은 때가 묻지 않은 순진하고 천진난만한 동심이 가득 찬 시기였다.

또한 1968년 12월 5일 초등학교 6학년 때에 국민교육헌장이 발표되어, 그 헌장을 외운 사람만 귀가시키는 기억이 지금까지도 새롭게 떠오른다. 그때 국민교육헌장 전문을 외우지 못한다고 담임선생님이 외울 때까지 귀가를 시키지 않고 오랫동안 학교에서 얼차려를 받으면서 외웠던 일들이 생각난다.

그리고 당시에 6학년부터는 중학교 입학시험에 합격해야 진학을 할 수 있어서 밤늦게까지 보충수업으로 학교에서 공부하고 귀가하는 시절이었다. 나는 공부를 잘하지 못해 전기 광양중학교 시험에 불합격했으며 후기 순천동중학교도 불합격을 하였다. 그래서 중학교 시험에 떨어져 그간 공부를 제대로 하지 못한 후회로 집에 와서 울고 있었는데 작은형님께서 영국의 유명한 처칠 수상도 몇 번 낙방해서 그것을 극복하고 영국을 구해낸 세계적으로 훌륭한 위인이 되었다는 말씀이 나에게는 엄청난 힘이 되었다.

그리고 그 시절에는 가정형편이 어렵거나 중학교 시험에 합격하지 못하면 초등학교 졸업을 최종학력으로 마치는 친구들이 많았었다. 나이가 들어 초등학교 동창 모임이 결성되어서 뒤늦게 알았지만 형편이 어려웠거나 실력이 없어 중학교를 진학하지 못하고 곧바로 직업전선에 뛰어든 친구들이 많았다는 것을 뒤늦게 알았다.

어머님께서는 검정 교복을 입은 학생들만 보면 내가 생각난다고 안타까워하시다가, 실력을 쌓기 위해 다시 재입학하여 1년 더 초등학교에 다니게 되었다. 후배들과 같이 한 교실에서 공부하게 되어 처음에는 창피스럽기도 하고 무척 자존심이 상하기도 하였지만, 차츰 적응해가면서 부끄러운 감정을 이겨내고 공부도 어느 정도 잘할 수 있는 실력을 갖추게 되었다.

이렇게 초등학교를 7년간 마치고 실력이 향상되어 서울에 있는 더 좋은 중학교에 시험을 쳤는데, 다시 전·후기 모두 다 낙방하여 중학교를 포기하고 기술을 배우기 위해 서울 큰형님 댁으로 상경을 하였다. 그런데 마침 초등학교를 졸업하고 2년 후에 전국적으로 무시험 제도가 생겨 삼수 끝에 겨우 중학교에 입학하게 되었다. 운이 좋은 것인지 아니면 기회가 생긴 것인지 꿈에도 그리던 중학교에 입학을 하여 검은 교복을 입게 되었다.

나는 떳떳하지는 않았지만, 그래도 이제는 뒤늦게나마 중학생이 되었다는 자부심과 더 큰 세상에서 꿈을 펼칠 수 있게 되어 무척이나 기뻤다. 늦게 입학해서 즐거웠고 친구 동생들과 같이 중학교를 같이 다니게 되었다. 그런데 그 시절의 선배들은 엄격한 선후배 간의 텃세가 너무 심하였다.

내가 정상적으로 중학교에 입학했다면 2학년들은 1년 후배가 되고 3학년들은 친구들이 되는데 늦게 중학교에 입학한 것이 후회스러운 일이 이때였다. 이 시절에는 말이나 행동을 잘못하면 선후배 간의 질서(군기)를 잡는다고 단체로 몰려와서 정신적 · 신체적 고통을 주기도 하였다. 한마디로 선배는 나이 고하를 막론하고 하나님과 동창이었다.

그러나 나는 굳게 마음을 먹고 공부로 또는 운동으로 삼수의 서러움을 이겨내려고 노력했었다. 일보 후퇴가 2보 전진이라는 마음을 다듬어 가면서, 언젠가 최후에 깃대를 꽂은 자가 승자가 되는 자세로 큰 그림을 생각하면서 미래의 성공하는 모습을 그리곤 하였다.

당시 광양중학교는 광양농업고등학교와 같은 캠퍼스에 있는 병설학교였기 때문에 교장 선생님 한 분이 중 · 고등학교를 운영하였다. 중학교 운동부는 축구, 씨름과 육상부를 육성하였고 광양농고는 씨름부를 육성하였다.

나는 성장기가 빨리 와서 중학교 시절에는 신장 175cm, 체중은 75kg으로 중학생으로는 큰 체구로써 투기선수로 성장하기에 좋은 체격조건을 갖추고 있었다. 평소 운동을 좋아해서 쉬는 시간 및 점심시간에는 축구, 배구 등 운동을 하던 중에 광양농고 씨름부를 지도하고 계신 모근배 선생님께서 나에게 씨름을 본격적으로 할 것을 권유하였다.

이때는 꿈 많은 시절이었고 진로 문제로 고민이 많은 시기였다. 결국은 중학교 2학년부터는 공부도 열심히 하면서 운동도 열심히 하기로 단단히 마음을 먹고 씨름부에 입단하기로 하였다. 본격적으로 씨름을 체계적으로 배우는 시기는 이때부터였다. 주로 수업이 끝나고 방과 후에 훈련했었는데, 어려운 여건에서도 실력을 쌓기 위해 열심히 노력했었다.

무시험 제도가 생겨 늦게 중학교에 입학했던 학생들이 많아 비교적 체격이 큰 학생들이 많았다. 그래서 씨름선수를 선발하는데 비교적 수월한 편이었고 광양농고 씨름부와 같이 운동을 할 수 있어 실력이 빠르게 향상되었다. 이후 꾸준히 노력하는 과정에서 그 시절 전국 중학교 최강자인 진주남중 선수들과 친선 시합도 했었고, 마산상고 선수들이 가끔 찾아와서 새로운 기술을 가르쳐 주기도 하였다.

1973년 중학교 3학년 때 제2회 전국 소년체전 전라남도 예선전에 출전하여 드디어 광양중학교 씨름부가 당당히 단체전에 우승해서 전라남도 대표로 선발되어 전국 소년체전에 참가할 수 있는 출전권을 얻게 되었다. 우승하게 된 원인은 여러 가지가 있었지만, 첫 번째는 첫 의무교육으로 나이가 들어 입학해서 체격이 큰 학생들이 많았고, 두 번째는 광양농고 고등부 형들이랑 매일 방과 후에 같이 연습했기 때문에 실력이 향상되었고, 세 번째는 서로 간의 선의적인 경쟁심이 높았던 것으로 분석이 된다.

전남(광주와 전남이 분리되기 전) 중학교 대표선수로 뽑혀 광주공설운동장 씨름장에서 소년체전 대비를 위한 합숙을 하면서 다른 종목 도시선수의 훈련 모습을 보고 많은 것을 배우고 느끼기도 하였다. 왠지, 광주가 학교인 도시선수들은 멋있어 보이고 세련되게 보이면서 여유가 있는 모습을 보고 무척이나 부러워했었다. 그래서 우리 씨름부는 촌티를 벗기 위해 많은 노력을 했었고 시간이 흘러 조금씩 도시 생활에 잘 적응하게 되었다. 나는 주장을 맡아 책임감과 지도력을 갖추게 되었고 남들보다 더 모범적인 행동과 실력을 쌓게 되면서 운동선수로서 체격과 체력이 튼튼하게 다듬어지게 되었다.

대전에서 열린 제2회 전국 소년체전에 참가하여 우리 광양중학교 씨름부가 당당히 전국에서 3위에 입상하였다. 당시에 거의 경상도 씨름이 전국대회에 입상하였고 그 결과 많은 사람들로부터 칭찬을 받았다.

이런 계기로 나는 씨름부 주장으로 자부심을 느끼면서 운동선수로 성장하기로 결심을 하게 되었고 더 큰 포부를 갖게 되었다. 그래서 고등학교 진학을 하기 전에 강송조 선생님(당시 전남씨름협회 총무이사 겸 감독)께서는 씨름으로는 우리나라 전통 운동이라 세계적으로 성장하기에는 한계가 있어서, 올림픽 종목인 레슬링을 배울 것으로 권유하여 고민 끝에 수락하였다.

이후 중학교를 졸업하고 고등학교는 광주로 유학을 와서 앞으로 레슬링을 배울 수 있는 장소에 처음으로 레슬링체육관으로 견학을 하였다. 당시 광주실내체육관 위에 있는 광주공원 모퉁이에 거의 창고 같은 곳에 레슬링 훈련장이 있었는데, 이곳을 전남레슬링도장이라고 불렀다. 광양에서 광주로 유학을 와서 대도시는 시설이 잘되어 있을 것으로 기대를 했었는데 생각했던 것과는 너무 차이가 나서 실망이 컸다. 그러나 이왕 내가 선택했던 길이였기 때문에 현실을 인정할 수밖에 없었다.

전남레슬링 도장은 1965년 광주에서 개최된 제45회 전국체전 대비를 위한 오래된 도장이었다. 비록 낡은 도장이었지만 여기서 많은 선배들이 기량을 닦아 전국대회 상위 입상과 국가대표 선수들을 많이 배출하였다.

시골에서 살다가 대도시 광주에서 학교에 다니게 되니 자부심도 느끼고 서서히 시야가 넓어지게 되었다. 광주에서의 생활은 꿈과 희망이 있는 새로운 도전이었고 나 자신을 큰 무대에서 미래에 성공을 다짐하는 기회의 장이기도 하였다. 어려운 여건에서 광주에서의 유학 생활은 시골 생활의 우물안에 개구리에서 벗어나 더 넓은 세상을 바라보면서 큰 밑 걸음이 되기도 하였다.

고교 시절은 열정과 도전의 시기였기 때문에 많은 추억이 지금도 눈에 선하게 떠오르게 된다. 운동도 열심히 하였지만, 공부도 열심히 했던 시절이었던 것 같다. 이 시기에 틈나는 대로 공부를 했던 것이 장차 운동선수 생활을 마치고 학문적으로 기반을 닦고 연구 활동을 하는 데 많은 도움이 되었다.

고등부 시합은 1년에 4~5회 정도 대회가 있었는데, 1학년 1학기에는 나름대로 운동도 열심히 했지만 매 대회에 출전할 때마다 예선 탈락이 많아 실의에 빠지기도 하였다. 1학년 겨울방학 시기에는 약간의 방황도 있었지만, 이후 기대했던 주위 사람들에게 실망을 주지 않기 위해서 이를 극복하려고 열심히 노력하였다. 한 분야에 전국 1위를 한다는 것이 결코 쉬운 일이 아니었다.

초보 시절에는 나보다 먼저 시작했던 선배들이 전국대회에서 좋은 성적을 내면서 우승을 하는 모습을 보면 마치 "신(神)"같이 보이곤 하였다. 어떻게 노력하면 나도 선배들처럼 전국대회에 좋은 성적을 낼 수 있을까 하고 생각하고 연구하고 노력하면서 기량을 쌓아가기 시작하였다.

평일에는 스스로 평소와 같이 운동하였고 휴일에도 쉬지 않고 개인 운동을 열심히 노력한 결과 드디어 성적이 나기 시작하였다. 지방대회가 아닌 전국대회에서 입상은 최고의 기쁨이었고 더 분발하는 계기가 되었다.

그리고 나도 할 수 있다는 목표를 향해 죽기 아니면 살기로 열심히 노력했던 결과가 드디어 대구에서 열린 제56회 전국체전에서 자유형 미들급에서 금메달, 그레코로만형 미들급 금메달을 획득하여 두각을 나타내면서 이때부터 전국적인 선수로 이름이 알려지게 되었다. 레슬링을 선택해서 전국체전에서 금메달을 획득하다 보니 열심히만 하면 나도 할 수 있다는 자신감과 승리에 대한 기쁨을 최고로 만족하게 되었다. 광양에서 광주로 유학을 와서 처음으로 보람을 느끼는 시기였고 열심히 노력하면 꿈을 이룰 수 있다는 자부심과 용기를 갖게 되었다.

또한, 진로 문제의 선택은 고3 시절에는 각종 전국대회에 우승하면서 레슬링팀을 육성하는 대학과 조폐공사, 주택공사 등 실업팀에서 스카우트 제의가 들어왔다. 일단 실업팀은 차후에 갈 기회가 있으므로 실업팀은 보류하고 대학을 먼저 선택하기로 하였다. 대학은 갈 곳이 많아 고심했었는데, 당시에는 운동으로 성공하려면 동국대학교 레슬링부로 입학을 해야 하고, 운동선수 생활이 끝나고 교직으로 가기 위해서는 전남대학교 체육교육과로 진학을 하는 것이 순리였다.

그래서 고민 끝에 작은형님과 상의한 결과, 당시에는 사범대 출신이나 비사범대 출신이나 관계없이 교직과목을 이수하면 2급 정교사 자격증을 취득할 수 있고, 교직으로 갈 수 있어서 결국은 조선대학교 체육대학 체육학과로 진학을 하게 되었다.

대학교 시절은 준 사회인으로서 자유스럽고 모든 일에 최고봉이였다. 어디를 가나 인정을 받았고 마음껏 행동하고 꿈을 펼치는 시기이기도 하였다. 국가대표선수로서 태릉선수촌에서의 생활, 좋은 학점을 따기 위해 밤늦게까지 공부를 했던 추억, LEO라는 모임(동아리) 활동, ROTC 후보생 시절의 경험, 학과 동기들과 학교생활의 추억, 10·26과 12·12사건 그리고 5·18을 겪었던 일들이 지금도 기억 속에 생생히 남는다.

선수 생활을 마치고 군대를 제대하고 나서 교직 생활을 하게 되었고, 이제는 배우는 처지에서 가르치는 처지로 바뀌게 되었다. 옥과고등학교 교사로 재직하고 있으면서 학생들을 가르치다 보니 더 배우고 싶은 학구열이 생겨 대학원을 가고 싶은 욕구가 생기게 되었다.

그래서 나는 교사로 재직하면서 레슬링부를 지도해야 해서 여러 가지 사정을 고려해서 일반대학원보다 교육대학원을 가기로 하였다. 교육대학원에 합격하기 위해서는 입학기준이 바뀌어 전공과목과 영어 시험을 보는데 영어 공부를 하기 위해 옥과에서 광주로 학원에 다니기로 하였다.

학원 수업은 1시간 30분 정도였는데 나는 정말 하루하루 힘든 일정이었지만, 퇴근 후 6개월 동안 광주 동아 외국어 학원에서 영어 공부를 마치고 교육대학원을 응시하여 무사히 합격하였다.

교육대학원은 주로 현직 선생님들이 많아 교육계의 흐름과 학교 간의 정보를 교환하는 데 많은 도움이 되었고 대학원 수업으로 인하여 수준 높은 학문과 지식을 쌓게 되었다. 이 시절에는 많은 선생님들과 인과관계를 맺음으로써 더 넓은 세상과 접촉을 하게 되었고 미래를 보는 안목이 생기게 되었다. 지금 생각해보면 이 모든 것은 젊었기 때문에 가능했던 일인 것 같다.

일반대학원 박사과정은 전남과학대학교 교수로 갈 기회가 생기게 되어 교육자로서 지도자로서 더 나은 학문적인 실력을 갖추기 위해 새로운 도전을 하게 되었다. 입학 후 3년간 한 번도 결석하지 않고 꾸준히 노력해서 선수과목과 전공과목을 좋은 성적으로 학점을 취득하였고 전공 종합시험과 제1외국어(영어), 제2외국어(일어) 시험을 통과하고 또한, 힘들고 어려운 과정을 이겨내고 까다로운 논문이 통과되어 드디어 영광스러운 박사학위를 영득하게 되었다. 2000학년도에는 제도적으로 졸업과 동시에 최고의 박사학위를 취득하여 나 자신이 참으로 떳떳하고 자랑스러운 순간이었다.

앞에서 언급했지만 나는 삼수를 하다가 무시험 제도가 생겨 중학교를 입학하였기 때문에, 그때의 초라했던 내 모습을 연상하게 되면 박사학위 취득이란 참으로 감격스러운 순간으로 영원히 기억 속에 남는다.

지난 일들을 돌이켜보니 초등학교 7년, 중학교 3년, 고등학교 3년, 대학교 4년, 교육대학원 석사과정 3년, 일반대학원 박사과정 3년을 끝으로 23년간 피교육자로 학교생활을 했던 것 같다.

이 모든 것은 지난 일들을 거울삼아 나 자신을 이겨내고, 끈기와 열정적인 도전정신으로 이루어낸 피나는 노력의 결과가 아닌가 생각해본다.

끝으로 어느 한 분야를 선택해서 목표를 향해 가는 과정에서 아무리 어렵고 힘이 들어도, 모든 것을 꾹 참고 인내하면서 꾸준히 노력하면 반드시 좋은 결과가 있으리라 생각이 든다.

21

‘꼰대’라는 표현 지양하기

김회엽

꼰대는 은어로 '늙은이', 학생들의 은어는 '선생님'을 이르는 말이다. 이 말은 다양성을 포용할 줄 모르고 권위적이며 오로지 자신의 생각과 행동만이 옳다고 생각하는 사람을 지칭한다. 요즈음은 직장 상사와 나이 많은 사람을 지칭하는 말로 의미가 변형되고 있다. 일제 강점기 때는 친일파들이 백작, 자작과 같은 작위를 수여받으면서 스스로를 '콩테'라 불렀는데 이를 비웃는 사람들이 일본식 발음으로 '꼰대'라 불렀다고 한다.

그런데 최근에 기성세대들이 젊은 세대들에게 도리에 맞는 옳은 이야기를 하면 주변에서 듣고 있던 같은 기성세대들도 '꼰대' 된다고 만류한다. 아랫사람들에게 조금만 옳은 이야기나 해야 할 이야기를 하면 어김없이 꼰대라고 한다. 자기들에게 듣기 싫은 이야기를 하는 것은 '꼰대 짓'이고, 입맛에 맞는 사탕 같은 말을 하는 사람은 좋은 사람이 된다.

언제부터인가 일부 층에서만 사용되던 '꼰대'라는 용어가 전 연령층으로 폭넓게 사용되고 있다. 자신은 모르지만 다른 사람들은 당신을 꼰대라고 생각하고 있을지도 모른다. 문제는 조언과 꼰대질은 정말 백지 한 장 차이라는 것. 나이가 많든, 적든 누구나 꼰대가 될 수도 있고 누구나 멋진 조언자로 남을 수도 있다.

먼저 상대가 요청하지 않았을 때 조언하려 들지 않아야 한다. 많은 꼰대질의 시작은 상대방이 물어보지도 않았는데 '야 그건 말야'라고 시작하는 것이 문제일 수도 있다. 상대방 바로 옆에서 고민하고 있는 소리를 듣더라도 곧바로 조언을 시작하지 말고 너무 참

견하고 싶더라도 성급하게 곧바로 본론에 들어가지 말고 '혹시 내가 도와줄 수 있을까?'라고 시작하면 자연스러울 수 있을 것이다.

다음으로 지나온 순간과 현재의 상대방을 비교하지 않아야 한다. '우리 때는 낭만도 있었고 도전도 있었는데 요즘 애들은 패기가 없어.'라고 말하는 것도 지양하는 것이 좋을 것 같다. 지금 젊은 세대들이 당신보다 절대적으로 타고난 능력이 떨어져서 매일 도서관에 들락거리고도 힘들어하는 게 아니다. 나와 3~4살 차이 나는 세대는 나 때보다도 더 힘들었고, 나와 9~10살 차이 나는 세대는 그보다도 훨씬 더 힘들다. 그 안에서 따뜻한 조언을 시작하라. 그리하면 누구도 당신을 꼰대라고 생각하지 않을 것이다. 또 어떤 일을 처음 하고 있는 사람과 자신의 지금을 비교하지 않아야 한다. 당연히 모든 것이 익숙해져 있는 사람에게는 초심자가 하는 일이 맘에 들지 않을 수밖에 없다. 그러나 그걸 곧바로 '그것도 못해? 나 때는 처음부터 날아다녔어.'라고 하지 말라. 가슴에 손을 얹고 생각해보라. 진짜 날아다녔나? 그랬으면 현재 당신이 있었을까? 훨씬 더 잘 나갔어야 하는 게 아닐까? 당신에게 지금 익숙해진 그 일을 위해 걸린 시간을 대략적으로 생각해 보라. 그에 맞춰 차근차근 가이드라인을 제공하는 것이 훨씬 더 제대로 된 멘토가 되는 길일 것이다.

넷째로 지시어를 삼가고 권유어를 사용해야 한다. '○○해'라는 말은 해결 방법이 하나밖에 없을 때에나 사용할 수 있는 말이다. 그러나 세상일이 그렇게 단 하나밖에 없는 것은 아니다. 따라서 거의 대부분의 경우 'ㅇㅇ하라'라는 말을 하는 것은 위험 요소를 동반하기 마련이다. 그런 단정적인 지시를 좋아하는 사람은 세상 어디에도 없을 것이다. 그렇다고 무작정 업무상에서 'ㅇㅇ해주지 않겠니?'라고 말을 할 수도 없는 법. 이럴 때 종종 사용할 수 있는 방법은 'ㅇㅇ하게 하면 좋지 않을까?', '이런 방법이 좋을 거 같아. 어떻게 생각해?'와 같이 말하는 것이다. 사람들은 인격과 고유의 생각을 가지고 있다.

다섯째로 나이로 구분하지 말고 능력으로 판단해야 한다. 모든 일은 나이가 어린 사람이 하는 것이 아니라 가장 잘 하는 사람이 하는 것이 전체를 위해 가장 이득이 되는 행동임을 명심하자.

마지막으로 조언을 하고 그 결과를 확인하지 말아야 한다. 가장 중요한 요소이다. 조언을 해주고 나면 그것으로 그냥 잊어야 한다. 컨설팅을 받은 기업이 그 사항을 실제로 수행할 것인지 그렇지 않을 것인지에 대한 결정은 해당 기업이 하듯 조언을 했다 하더라도 그 사항들을 행동으로 옮길 것인지 말 것인지에 대해서는 철저히 조언을 들은 사람이 결정하는 것이다. 왜 자기 말대로 하지 않았냐고 하는 순간 꼰대질이 시작된다. 설령 그 조언이 절대적으로 옳았다 하더라도 실행하지 않는 사람을 나무랄 필요는 없다.

내 생각이 옳고 다른 사람의 생각은 항상 틀린가? 내 생각이 틀릴 수도 있고 다른 사람의 생각이 옳을 수도 있다. 자신의 생각과 다르다고 틀렸다는 사고방식과 태도를 버리고 서로 존중과 공감 그리고 배려를 실천할 때 꼰대와는 거리가 멀어지지 않을까 싶다.

22

또 다른 가을맞이

차광준

오늘 벌써 두 번째 짐을 부렸다.

이삿짐 트럭을 부르기에는 너무 조촐한 세간살이여서 승용차로 세 번을 왕복하여 학교 교문 밖에 위치한 관사로 이사를 하였다. 생각지 못했던 부임지지만 남들은 모두 부러워한다. 근심 걱정이 없는 곳이란다. 사실 조용한 농어촌 벽지가 나도 좋다. 섬진강을 사이에 둔 하동 건너 마을에 위치한 작은 학교로 강변이라기보다는 산으로 오르는 초입에 동향으로 위치한 아담한 학교에 부임하였다.

백운산에서 이어진 해발 537미터의 쫓비산 산자락을 끼고 수십 호의 마을들이 군데군데 늘어서 있는 다압면은 전남에서 길이가 가장 긴 면으로 작년부터는 아기 울음소리를 듣지 못하고 있는 인구 1,700명의 고개가 꺾인 소멸 위기의 농어촌이다.

매년 초봄이면 전국의 상춘객들이 매화를 보기 위해 북새통을 이루는 매화마을이 바로 여기에 있다.

다압(多鴨)은 옛 문헌에 선비가 많이 배출되고 오리가 많은 마을이라고 기록되어 있는 면으로, 섬진강에서는 재첩을 채취하고 길게 늘어선 산자락에서는 봄 매실, 가을밤과 감을 수확하여 소득을 올리고 있다.

학교와 불과 2km 이내의 남쪽에 위치한 섬진강 매화마을, 그곳에 홍쌍리 청매실농원이 약 5만 평에 10만 그루의 매실나무를 품고 있다. 이 농원을 몇 번 와본 적은 있지만 홍쌍리가 동네 이름인 줄로만 알고 있었다. 알고 있었는가? 매실 명인의 이름인 것을.

이곳으로 부임한 둘째 날 축하선물로 들어온 난 화분을 들고 면에 소재한 기관들을 인사차 방문하였다. 초등학교, 면사무소, 농협, 파출소, 소방서 등.

그리고 명소인 청매실농원의 홍쌍리 명인을 만나 매실 농원이 조성되기까지의 역사, 인생 역경과 삶의 철학 등을 주로 경청하고 담소하였다.

'매화는 내 딸, 매실은 내 아들'이란다.

'큰 나무가 되어 그 그늘에서 많은 이들이 꿈을 키워가는 모습을 지켜봐 주는 삶을 살아가는 것'이 남은 생의 희망이란다.

내내 대단한 분이구나 생각했다. 그저 세간에 조금 알려진 농장주려니 생각했는데 그렇지 않았다. 평생을 일군 농원을 마을 사람들의 삶의 터전으로 내어주며 공생하는 마을공동체의 큰 그늘 역할을 하고 있었다. 많은 수의 마을 사람들이 이곳에서 일하며 생계를 꾸리고 있다고 한다.

문득 동화 속 '부지런한 거미'가 생각이 났다.

물론 상반된 삶의 이야기다.

부지런한 거미는 자신만의 거대하고 튼튼한 거미줄 성을 지어 많은 먹이를 잡아 축적하며 배불리 먹고 살면서도 배고픈 인근 거

미들을 떠나게 만들고, 결국 외톨이로 남아 의지할 곳 없어 태풍에 모든 것을 잃는다는 우화다.

명인은 '함께 잘 사는 삶이 인생철학'이라 하였다.

함께하는 삶은 우리 아이들이 지녀야 할 소중한 가치관 중 하나이다. 농어촌 벽지에 있는 작은 학교지만 소중한 자연유산인 국가중요 어업 유산(섬진강 재첩잡이 손틀어업)과 우리나라 최대 매실 산지(전국 생산량의 약 30% 차지)를 보유하고 있어 이곳을 체험학습의 장으로 삼으려 한다. 자연과 함께하는 삶의 소중함과 감사함을 체험하고 체득하는 배움 중심의 교육을 실현해 보려고 한다.

체험을 통해 지식과 지혜를 배우는 프랑스인들의 교육철학을 따라가 보려 한다. 프랑스 사람들은 여행을 좋아한다.

프랑스 과학자로 노벨(물리학)상을 수상한 퀴리부인의 '정규교육과정에서 공부하지 않아도 훌륭한 사람이 될 수 있다.', '자연 속에서 탐구심을 갖도록 가르친다.' 등의 자녀교육관은 여행과 체험을 통한 프랑스인들의 교육관을 엿볼 수 있는 대목이다. 또한 프랑스 초등학교는 일주일에 4일만 수업을 한다.

점심시간도 2시간 정도로 집이나 식당에서 부모와 함께 식사하고 다시 학교로 돌아와 공부하도록 하고 있다. 교실 안에서 배우는 교육보다 아이들이 실제로 눈으로 보고 체험하게 하는 배움이 중요함을 역설하고 있다.

농어촌 벽지인 이곳에서 체험을 통해 배움이 일어나는 교육 활동을 계획하고 실천해 보고자 한다. 학교 밖에 있는 마을 자산, 전시회장, 공연장, 체험장 등으로 나들이하여 삶과 배움이 하나가 되는 교육과정을 운영하여 공생과 상생의 공동체 일원으로 성장하는 아이들을 지켜보고자 한다.

특히 학교 구성원의 50% 가까이 되는 다문화 가정의 아이들이 용광로에서 녹아들어 융화되는 쇳물이 아니라 서로 다른 채소들이 고유한 맛을 내며 어울리는 샐러드볼이 되어 자주적이고 책임과 의무를 다하는 공동체인으로 성장하는 모습을 지켜보고자 한다.

'태산이 웅장한 것은 한 줌의 흙도 마다하지 않기 때문이고 바다가 깊은 것은 한 줄기의 시냇물도 거부하지 않기 때문이다.'

(간축객서 諫逐客書, 이사 李斯)

> 一年之計(일년지계)는 莫如樹穀(막여수곡)이요,
> 十年之計(십년지계)는 莫如樹木(막여수목)이요,
> 終身之計(종신지계)는 莫如樹人(막여수인)이라.

일 년의 계획은 곡식을 심는 것만 같은 것이 없고, 십 년의 계획은 과일나무를 심는 것만 같은 것이 없으며, 평생의 계획은 사람을 심는 것만 같은 것이 없다. (관중(管仲) 관자(管子))

23

클래식 음악과 팝송을 들으면 교양과 품격이 높은가? 대중가요를 좋아하면 문화 수준이 낮은가?

전상준

아마존의 자파테크(Japatek) 족은 예로부터 옷을 입지 않았다. 그러나 이를 부끄럽게 여긴 유럽의 선교사들은 원주민이 옷을 입게 하였다. 옷을 입은 원주민은 높은 기온과 습도를 견디지 못하고 대부분 피부병에 걸렸다. 그뿐만 아니라, 원주민 사회에 혼란이 찾아왔다. 원래 원주민은 몸에 그림을 그리거나 장식물을 걸쳐 자신의 신분이나 역할을 표현하는 전통이 있었다. 그러나 옷을 입자 이러한 표시를 서로 알아볼 수 없게 된 것이다.

대부분의 이슬람 국가에서는 술과 마약을 공식적으로 금지하고 있으며, 또한 돼지고기와 짐승의 피를 재료로 한 음식 또한 금기 사항이다. 왼손으로 음식을 먹거나 왼손으로 물건을 주고받지 않는다. 공개된 장소에서는 남녀 모두 반바지 차림이나 노출이 심한 옷은 입지 않는다. 수영장에서도 여자들은 옷을 입고 '히잡'을 쓰고 수영하며, 부부가 아닌 남녀가 같이 있는 것도 금기 사항이다.

마사이족은 반가운 사람에게 침을 뱉으며 인사하고,
귀한 물을 발라 주며 상대를 축복한다는 뜻이라고 한다.
물이 귀한 저곳 환경을 생각해 보면 충분히 이해할 수 있다.

문화는 지역이나 집단에 따라 다양하다. 우리나라는 해방 이전에는 중국문화의 영향을 해방 이후에는 서양문화의 영향을 받았다. 해방과 더불어 일제 강점기의 식민지 문화와 전통 사회의 전제군주체제의 문화를 청산하지 못한 채 서구 문화를 급속하게 받아들이면서 문화 주체성을 잃어버렸다. 우리는 그동안 비교적 단일한 문화적 배경 속에서 오랫동안 공동체를 이루며 살아왔던 우리 문화의 한 부분이다. 그러나 다른 사회 구성원이나 다양한 문화적 배경을 지닌 이웃들과 함께하는 다문화사회가 되었다.

내가 살고 있는 인근 지역의 아파트 이름들을 보면, '대광오투빌, 라온유, 로얄골드빌, 창덕에버빌, 센트럴자이아파트, 라포레에클라, 한화포레나, e편한세상어반타워' 등과 함께 식당의 메뉴판이나 각종 상호의 간판, 옷이나 신발, 화장품의 이름들을 봐도 너무나 많은 외래어들을 표기하고 있다. 정부의 고위 관리가 최근에 기자들과 인터뷰하는 도중에 거의 절반을 영어로 하는 것을 들었다. 국회의원이나 관공서 장의 명패는 꼭 한자로 표기해야 고상해 볼일까? 노래하는 자리에서 팝송이나 샹송을 부르거나 클래식 연주나 뮤지컬 공연을 보거나 즐기면 그렇지 않은 사람보다 문화 수준과 품격이 높을까? 트로트를 비롯한 대중가요를 좋아하면 수준과 품격이 낮을까?

브로디외는 문화적 종속이론을 경계하였다. 서구적인 것은 현대적이고 우월하며 수준 높고 우리 것은 시대에 뒤떨어지고 열등할까? 자기 문화를 가장 우월하다고 믿는 자문화중심주의도 자기 문화가 다른 문화보다 열등하다고 생각하고 다른 문화를 무조건 추종하는 문화사대주의도 바람직하지 않다.

우리는 위의 사례 자파테크족, 이슬람국, 마사이족 등에서 볼 수 있듯이 그들 문화만의 고유한 특성이 있다. 문화가 생겨난 나름대로 독특한 환경이나 역사적·사회적 상황 등을 이해하면서 다른 문화를 바라보는 관점, 즉 '문화상대주의'가 필요하다. 각 문화에 담긴 고유한 뜻과 가치를 이해함으로써 문화의 다양성을 인정할 수 있다. 다문화사회를 살아가는 우리 문화에 대한 정체성을 바탕으로 문화상대주의의 입장에서 서로 다문화상대주의가 전제되지 않으면 다문화사회의 형성과 유지 자체가 어렵게 된다. 문화에서 샐러드 볼 모델은 각기 다른 재료들이 각자 고유의 맛을 지키면서도 하나의 샐러드가 되듯 다양한 여러 문화가 고유한 특성을 유지하면서도 조화를 이루어 공존하는 문화이다.

보편규범은 시대나 장소에 관계없이 항상 보장되어야 한다. 문화가 상대적이라고 해서 그 안에 담긴 도덕규범까지 상대적인 것은 아니기 때문이다. 따라서 우리가 타 문화를 바라볼 때는 보편규범의 테두리 안에서 다양한 문화를 인정하고 존중하는 자세를 갖추어야 한다. 타 문화뿐만 아니라 자문화를 바라볼 때도 마찬가지이다.

우리 문화가 지닌 고유의 가치와 뜻을 계승하면서도 보편규범에 어긋나는 것은 없는지 점검할 필요가 있다. 아울러 우리 것에 대한 소중한 가치를 유지하면서 다른 문화와 공존하는 자세가 필요해 보인다.

24

행복 지수 1위 덴마크 교육현장을 다녀와서

신봉호

덴마크 스톡홀름스게이브 숲 유치원(Stockholmsgave Centrum)

2013년에 설립된 덴마크 스톡홀름스게이브 숲 유치원은 주말, 크리스마스, 부활절을 제외하고는 매일 운영하는데 3살부터 6살 아동을 대상으로 오전 9시부터 오후 3시까지 22명 정도의 한 반을 세 명의 교사가 지도한다.

스톡홀름 스게이브 숲 유치원 아이들이 마당에서 흙장난을 하며 오감을 깨우고 있다(사진 출처: Ohmy Photo).

우리와는 다르게 유치원에서는 놀이를 가장 중요하게 생각하여 정규 커리큘럼 없이 교사가 자율적으로 지도하여 교사에게 재량권이 있다. 학부모 · 학생 · 교사 간의 관계가 협력자 · 동반자적 관계였고 서로 신뢰감이 매우 두터워 인상적이었다.

특히 숲의 모든 것이 학습의 도구로 사용하고 있는 것이 매우 경이로웠고 아동이 무슨 놀이를 할 것인가를 아동 스스로 결정하게 함으로써 민주시민교육을 어려서부터 실천하도록 교육시키는 것에 크게 감동했다.

숲 유치원 모든 아이들에게 무엇이든 할 수 있다는 자신감을 심어주는 교육이 흥미로웠다. 그래서 풀 키우기, 나무 자르기, 닭 기르기 활동, 과일 따기 체험, 흙장난 등 놀이 중심 교육의 실용 교육을 직접 체감했다. 교사들이 논의해서 교육과정과 프로그램을 결정할 수 있다는 점도 부러웠다. 지금도 주안을 작성하여 매주 결재를 맡아야 하는 우리나라의 유치원과는 매우 달랐다.

숲 유치원 교육에 걸맞게 버려진 나무토막이며 아무렇게나 팽개친 장난감, 도구들이 뒹굴고 있어도 전혀 어색하지가 않았다. 연신 진흙 장난을 하는 아이도 있었다. 아이들이 다칠 염려가 있는 통나무도 치우지 않았다.

선생님과 아이들이 나무토막을 자르는 장면이 있었다. 아이들의 힘으로는 도저히 공구를 다룰 수 없고, 잘 이기지도 못해 위험해 보이는 커다란 전정 가위를 들고 나름 요령을 부려가며 나무를 자르는 모습을 보았다. 선생님은 아이들에게 자르는 방법을 가르쳐

주지 않았다. 힘을 써보지만 굵은 나뭇가지가 잘리지 않았다. 어떤 아이는 자기 배에 가위 손잡이를 바짝 붙이고 힘을 주자 나뭇가지가 싹둑 잘렸다. 아이는 기쁜 표정을 지었다. 아하! 이 아이들은 어떤 사물이든 냄새, 모양, 소리, 촉감 등 오감을 통해 지각 발달과 인지능력이 자연스럽게 훈련되고 있구나? 라고 생각했다.

우리나라에서는 유치원에서 이러한 위험한 공구가 있다면 아이들이 다친다며 학부모들의 비판과 비난이 쏟아졌을 것이다.

외레스타드 스콜레(Φrestad skole)

2012년에 설립된 외레스타드 스콜레는 공립학교로 디지털 교육과 미학 교육을 중점적으로 가르치고 있다. 학급 명칭은 1, 2, 3반이 아니다. 저학년은 학급 명칭을 악기 명으로(Piano, Harpe, Guitar, …), 중학년은 화가 명으로(Picasso, Giuseppe, …) 고학년은 과학자 명으로(Knudsen, Newton, …) 하는 것이 특징이다. 저학년은 체험학습을 음악으로 중학년은 표현으로 고학년은 활용하여 응용할 수 있도록 하며 창문을 통해 지역사회에 개방되도록 하는 것이 특징이다. 지역사회의 모든 생활 모습을 체험하여 생활이 곧 학습의 장이 된다는 실용적 교육이다.

방과후학교도 정규적으로 학생들의 발달 수준에 적합한 지도를 하고 고학년은 개인에게 컴퓨터를 보급하여 시대에 적합한 실용적 교육을 한다는 점에 있어서 매우 인상 깊었다.

외레스타드 스콜레에서의 교육과정은 경험을 바탕으로 스스로 생각하게 하고 프로젝트를 여러 사람 앞에서 발표하게 하는 방식도 쓸모 있는 교육을 지향하는 덴마크 교육의 특징이라고 생각한다.

또한 6학년 모두에게 컴퓨터를 제공하고 교과서와 다른 책을 거의 사용하지 않고 인터넷을 바탕으로 수업을 진행하는 점도 실용교육의 한 단면으로 볼 수 있다.

교실이나 공간/계단 밖으로 공사장과 역이 바로 보였다. 공사장은 바로 학교 앞에 위치해 있었다. 공사장 현장에 아이들이 직접 가서 배우고 온다는 설명이 이채로웠다. 공사장도 당연히 학습장이라는 것이다.

우리나라에서는 소음, 먼지, 미관, 위험, 혐오시설 등으로 당장 민원과 학부모들의 항의가 빗발칠 것이다. 우리는 이러한 점을 본받아야 하지 않을까? 우리의 생각이 바뀌어야 교육에도 혁신이 일어난다는 것을 다시 한번 느끼는 시간이었다.

바흐네호이 에프터스콜레

열차역과 공사장에 노출된 외레스타드 스콜레

덴마크에서 에프터스콜레(Efterskole)는 초 · 중학교를 마친 뒤 고등학교로 진학하기 전, 1~2년간 학업에 대한 부담 없이 자신의 적성과 재능에 맞는 진로를 찾아가는 기숙형 학교이다. 덴마크 전역에 254개소가 운영되고 있다.

중학교와 고등학교 사이에 자신의 진로를 위해 쉬어가는 시간, 이러한 쉼의 시간이 꼭 필요한 학생들을 위해 우리도 한 번쯤은 고려해 볼 필요가 있을 것 같다.

필자가 방문한 바흐네호이 에프터스콜레는 다양한 경험을 필요로 해서 이곳을 선택한 학생들이 특화된 교육을 통해 다른 사람과 잘 어울리는 방법을 배워가는 과정이 흥미로웠다. 학교를 외국인에게 공개할 때조차 조금도 꾸미지 않고 있는 모습 그대로 보여주고 있었다. 다른 사람을 의식하지 않고 자신의 삶을 살아가는 행복한 시민 교육을 만날 수 있었다. 설렘 반 의혹 반으로 찾아간 에프터스콜레는 학생들의 적극적인 활동과 편안한 표정, 자신 있게 대화하는 모습과 표현을 통해 뭔지 모를 자유로움을 느끼게 했다.

덴마크의 에프터스콜레는 25% 정도의 중학교 졸업생들이 선택하여 진학하는 교육기관인데 우리나라에는 실존하지 않는 기관이다. 방문한 에프터스콜레는 100여 명이 12명 내 · 외로 그룹을 형성하여 8개 프로그램인 요리, 작문, 음악, 연극, 디자인, 승마, 아웃도어, 목공 중에서 학생들이 선택한다. 40개 종목의 작물을 학생들의 힘으로 직접 재배함으로써 식자재 70% 정도는 자급하고 있는 것으로 보아 노작교육을 실행하여 행복을 추구하고 있었다.

학생들이 직접 재배한 감자와 야채 샐러드로 점심을 먹었다. 학생들이 직접 만든 점심이라서 의미가 있었다. 노작교육에 관심이 많은 필자는 더욱 주의 깊게 살펴보았다. 이들의 노작교육은 매우 구체적이고 실천적이었다.

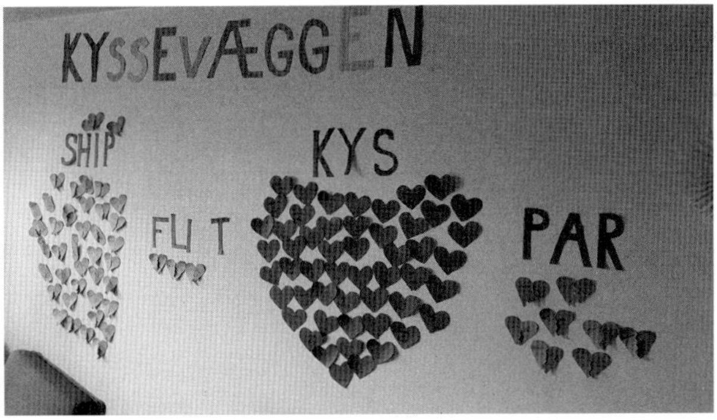

학생들의 생활 공간에서 특이한 점도 발견할 수 있었다. 벽면에 게시된 'KYSSEVAGGEN'을 살펴보았다. 학생자치회에서 만들었다는데, 'SHIP' 서로 호감 갖기, 'FUT' 일방적인 사랑, 'KYS' 키스를 해본 학생, 'PAR' 실제 커플로 구분하여 모든 학생들의 사랑에 대한 의견을 벽보에 게시해서 자기의 솔직한 이성관을 표현하는 것이 매우 인상적이었다. 아이들의 자유스러운 연애관을 엿볼 수 있었다. 학생들은 장소에 상관없이 가벼운 애정 행각을 보이는 데도 주저함이 없었다.

학교는 인간관계 증진, 공동체에 기여, 사회활동에 보탬이 되는 교육을 지향하고 선생님은 학생들이 활동할 수 있는 공간을 마련해 주고 학생들에게 스스로 성장할 기회를 주고 있다는 점에서 우리나라 교육과 다른 점이라고 생각했다.

바흐네호이 에프터스콜레에서 만난 여학생처럼 중학교 졸업 후 1년 동안 자신을 되돌아보는 삶을 선택하고 다른 사람과 비교하지 않고 자기만의 삶을 당당하게 가꾸어가는 모습이 부러웠다.

“이곳에서 1년을 지낸 후 고등학교에 진학하면 후배들보다 뒤처지지 않느냐?”는 우려 섞인 필자의 질문에 대인관계 증진을 목적으로 이곳에서 공부한다는 한 여학생의 답변이 가슴을 울렸다. “내 인생이 다른 사람보다 나아져야 한다는 생각을 왜 하는 거죠? 자기 삶에 대해 스스로 결정하고 자기가 살아가야 하는데 왜 남과 비교하는 거죠?”

바흐네호이 에프터스콜레에 가는 길에 그룬트비의 “역정(歷程)과 사랑”이라는 주제를 강의를 통해 들었다. 참, 사랑의 실패까지도 역작의 저술로 승화시키는 덴마크인의 일면을 알 수 있었다. 어디서 나오는 힘일까? 어쩌면 이 땅의 힘일 수도 있겠다.

뉴슨스틴 공립고등학교

뉴슨스틴 공립고등학교(Rysensteen Gymnasium)는 덴마크에서 손꼽히는 명문 고등학교라 하였다. 전 세계에 자매학교를 두고 해외교류 행사에 큰 비중을 두고 있었다.

국제교류 담당 교사(앤더슨)가 학교 교육 설명과 함께 질의응답이 이루어졌다. 이들의 배움 과정은 많은 비판적 대화로 이루어지고 있음을 알게 되었다. 뉴슨스틴 고등학교의 교육에 대하여 좀 더 상세히 알아보았다.

현재 학교의 실태는 학교의 규모가 팽창하면서 한 교정 아닌 3

개의 분리된 교정으로 운영되고 있다. 경제 문화적으로 상류사회로 분류되지만 확장된 교정의 일부는 과거에 도살장이나 축산물을 취급하는 건물을 이용하고 있지만, 이 학교가 유명하게 된 이유는 다음 3가지로 요약할 수 있다.

첫째, 덴마크 고교에서 성적이 탑클래스

둘째, 국제적인 교류를 통한 세계화 감각 함양(한국을 비롯한 13개국과 교류는 물론 상호 홈스테이를 통한 토론문화, 세계화 감각 함양)

셋째, 창의적인 민주시민으로 육성(노동시장에 필요한 인력 배출의 기능보다는 세계적인 흐름, 난민 문제, 부의 불평등과 같은 관심이나 역량 제고)

뉴슨스틴 고등학교에는 1,200여 명 학생이 재학하고 있으며 학교가 위치한 지역적 여건으로 인해 우수한 학생이 재학하고 있는 장점도 있었다. 세계시민교육을 위해 비판적인 사고능력과 분석력을 통한 창의적인 인간으로 육성하기 위해 비록 성인은 아니지만 현재 그대로의 학생들을 독립적인 한 개인의 존재로 성인(young adults)으로 인정해주면서 자존감을 향상하게 시켜 주는데 비판적 사고능력을 길러주기 위해서는 다양한 지적인 역량을 토대로 무에서 유를 창조하는 것이 아니라 현존하는 타인의 것을 기본으로 하여 무엇인가를 생각하고 만들어내는 방법을 문화 속에서 반복해서 행하는 것이다.

이 학교의 특색교육으로 운영되는 세계시민교육 프로그램(Global citizenship program)은 세계 13개국의 CLASS와 협약을 맺고 교류를 해오고 있으며 다른 나라에 대해 집중적으로 배우고 자신이 공부한 나라에 직접 가보기도 하면서 국제전문가를 키우는 과정으로 운영되고 있다.

우리나라와의 교류는 상암고와 2017년 11월 30일 학생교류 협약을 맺고 뉴슨스틴 학생 30명이 방문하여 교류를 갖기도 했으며, 최근에는 구리시에 있는 인창고등학교와 적극적 교류를 맺고 우리나라 학생들이 덴마크 학교를 방문할 계획을 갖고 있다. 이러한 국제교류 과정을 통해 추후 다른 나라의 문화에 대해 관심을 두고 이해하는 데 있어서 밑받침이 되며 무엇보다 자신감을 키우는 것이 이 프로그램의 목표인 것 같다.

덴마크 교육 정신을 이어가기 위한 교육과정 운영을 통해 학생들은 창의적이고 책임감 있는 민주시민으로 성장하도록 도와주는 역할을 담당하고 있었다. 학생들은 졸업을 앞두고 세계화 시대에

적합한 시민으로 성장하기 위해 자신의 미래를 스스로 준비하고 특히 기후 관련, 불평등 문제, 환경문제 등 세계적으로 다양한 문제들에 대해 사고하고 호기심과 창의성을 자극하여 해결능력을 키워주고 있었다.

학생들이 학교생활에서 가장 중요시하는 것 중 하나는 교사와 학생 간의 관계를 중요시하며, 학생들은 책임감과 자존감을 키워 나갈 수 있도록 학생을 어린 성인, 즉 한 인간으로 존중하며, 소통을 통해 의견을 적극적으로 교환하고 함께 살아가야 할 동반자로 존중해주는 학교 문화가 돋보였다.

〈그림 설명〉
구술시험 기간 중 조용히 하라는 게시물

또한 이 학교의 시험과 평가는 구술시험과 토론을 학생평가로 하고 평소의 학습 태도를 참고하여 성적을 산출하며 우리나라의 수능과 같은 일제 시험은 없고 학기가 끝나는 6월경에 구술시험과 토론을 진행하고 결과를 알려주고 이의 신청을 받기도 하지만 이의를 제기한 경우는 거의 없다는 것이다.

필자가 방문한 때가 마침 구술시험 기간이었다. 구술시험의 대부분 과목은 구술시험 50% 논술(작문)시험 50%, 언어 과목시험만 선다형 시험을 치른다. 구술시험 형태는 시험 보는 학생이 앉아 있고, 담당 교사와 다른 학교 교사가 마주 보고 앉아서 채점하고, 결과는 두 교사가 협의하여 5분 이내에 시험 당사자에게 알려주고 결과에 만족하지 않으면 바로 이의를 제기할 수 있다. 그리고 시험 문제는 교사가 출제하기도 하고 시험 당사자 학생이 출제하기도 한다.

이러한 평가를 통해 지식을 단순히 암기하는 것보다 현재의 사건을 비판적이고 독립적으로 바라보는 시각을 가지게 하는 데 강점이 있는 것 같다. 따라서 학생들은 학교생활에서 학생회를 통한 자치 활동은 물론 학교경영에도 위원으로 참여하여 자신들의 생각을 소신 있게 발표함으로써 자율성을 보장받고 자존감을 높여가도록 하는 것이 덴마크 교육의 우수성이라고 볼 수도 있다. 무엇보다 덴마크 학생들이 다른 사람 앞에서 자기 생각을 이야기하는 것이 전혀 어색해하지 않는 문화와 학생들의 발표 능력이 인상적이었다.

앤더슨 선생님과 1년간 선생님의 보조 활동을 하는 미야라는 졸업생이 학교의 교육 방향과 재학시절의 진솔한 느낌(학생은 1년 전에 우수한 성적으로 졸업한 학생으로 올해는 대학에 진학할 예정) 및 학교 관계자와의 질의응답을 통해 덴마크의 교육에 대해 좀 더 깊이 있게 알아볼 수 있었다.

우선 덴마크 교육이 한국의 교육과 다른 점이 있다면?

덴마크 교육의 초점은 사회문제에 대한 학생들의 분석적 능력 즉 비판적 사고능력을 키워 주도록 하는데 일례로 구술시험의 경우 학생들이 사회 현상이나 자신의 문제해결에 관한 질문을 만들게 하고 있다는 것이다.

교사의 역할 중에서 가장 중요한 것은 학생과 교사 간 소통과 자율적 책임감을 길러주기 위해 관계 형성을 잘하여 책임감과 자존감을 느끼게 하고 있는데 우리나라는 어떤 환경인가?

기후변화, 난민 문제 등을 해결하기 위해서는 어떻게 하는 것이 옳은가 등의 질문으로 토론수업을 진행하며 왜 그런지 자신에게 반복된 질문을 던지고 상대방의 의견을 존중해주는 학생으로 성장할 수 있게 토론수업을 진행한다.

우리나라에서 다인 수 학생이어서 어렵다고 생각했는데 이곳의 학교에서는 28명 정도의 학급에서도 토론수업을 잘 진행하고 있다는 사실이어서 지금까지 너무 교육환경이 열악하다고 탓한 자신을 반성해보는 계기가 되었다.

비판적 사고능력을 키우기 위한 구체적인 방법은 무엇인가?

기본 지식이 기반이 되어야 하고 자신이 알고 있는 지식이론이나 배경이 올바른지 판단을 할 수 있는 능력을 키워나가고 상대방의 의견에 대한 의도를 읽어낼 수 있는 안목을 키워가도록 하고 사회의 문제에 대한 비판적 사고를 할 수 있는 사회적 분위기와 문화가 정착되어야 한다.

학교생활에서 학생과 교사의 의견 충돌이나 지시 불이행 등을 일으키는 학생에 대한 지도 방안은?

드물지만 지도 불이행의 학생에 대한 퇴학 등의 강력한 조처를 내리는 예도 있을 수 있지만 대부분 학생에게 자율성을 갖게 하되, 책임감을 강조하고 학생을 하나의 인격체로 보고 당면한 문제에 대한 심층 분석을 통해 교사와의 마찰 관계를 해결해 가고 있다.

흔히 말하는 문제아(무단결석, 과제 미수행, 교칙 위반)를 어떻게 지도할 것인가?

그 학생에게 '왜?'라는 질문을 던지기에 앞서 왜 그 학생이 그렇게 했을까 하고 교사가 분석하고 나서 대화로 접근하거나 부모와의 면담 등을 통해서 문제를 해결해 나간다. 요즘 우리나라에서 시행하고 있는 회복적 생활지도와 상담 활동이라고 생각하면서 우리들의 생활지도나 상담 활동에 시사하는 바가 있었다.

학교생활에서 교육제도의 시스템에 대한 불만족에 대해서?

현재의 시스템에 대해 학생들은 선택권이 없지만 학생들은 민주주의를 잘 실천하고 세계화 시대를 대비한 자신의 준비에 외부적 스트레스보다 자신과의 싸움에서 받는 적절한 스트레스가 오히려 자신을 성장시키는 데 도움이 되었다고 생각되어 매일같이 행복하지는 않았지만 충분히 만족한 학교생활을 할 수 있었다고 한다.

진로에 대한 부모와의 갈등 문제는?

학생 스스로 결정한 진로 문제에 대해 갖는 스트레스는 있을 수 있지만 부모와의 갈등은 전혀 없다고 한다. 학생 스스로 한 결정이 더 어려울 수 있다는 것이다.

주당 수업 시간에 한 질문

과목당 연간 130시간을 이수하며 학급 당 학생 수는 26명 정도이고 선생님의 1시간 수업 중 선생님의 지도 시간이 20분 정도라면 학생활동 시간이 40분 정도의 비율로 수업이 이루어진다고 한다.

학교의 교육목표에 그룬트비 정신이 포함되어 있는가?

직접 그룬트비 정신을 교육하지는 않지만 덴마크 사회 전반에 이미 스며들어 있다고 본다.

그 외 하고 싶은 말

끝으로 학생들에게 지식만을 교육하는 것이 아니고 책임감 있는 시민으로, 나아가서는 학교에서 배운 것을 사회에서 통하기 위해서 학교에서부터 실천이 습득되어야 한다는 것을 강조하고 있다. 학생들은 학생회를 통하여 의사 결정에 참여함으로써 한 시대의 인간으로 참여시켜 나가는 것을 중요시하고 있다.

저자소개

정두배(鄭斗培)

세한대학교 대학원 경영학 박사, 광신대학교 대학원 철학박사
현) 세한대학교 휴먼서비스학과 교수, 미래행복평생교육원 원장,
　 더나눔학술 · 문화재단 부이사장
저서) 교육학개론(공저, 정민사, 2023) 외 3권

김영빈(金永彬)

원광대학교 대학원 운동생리학전공 이학박사
전) 전남과학대학교 생활체육과 교수
저서) 여가 · 레크리에이션(형설출판사, 1997) 외 20권

차광준(車光俊)

국립순천대학교 사범대학 졸업
현) 광양다압중학교 교장

박수진(朴秀眞)

국립충남대학교 사범대학 졸업
현) 여천중학교 교사, 더나눔학술 · 문화재단 감사

조혜영(曺惠永)

국립순천대학교 대학원 교육학 상담심리전공 박사과정수료
현) 부산교육대학교 수석상담관
전) 참성장심리상담연구소 소장
저서) 교육학 개론(공저, 정민사, 2023) 외 14권

서동기(徐東基)

국립경상대학교 대학원 교육학전공 교육학박사
현) 순천대학교, 광주교육대학교 외래 교수
전) 전남교육연구정보원 전남교육정책연구소 전임연구원
저서) 교육학개론(공저, 정민사, 2023) 외 12권

김숙경(金淑慶)
국립순천대학교 일반대학원 소비자가족아동학전공 석사
현) 한국아동가족상담센터장, 더나눔학술 · 문화재단 사무차장
저서) 교육학개론(공저, 정민사, 2023) 외 1권

정수애(丁秀愛)
국립순천대학교 일반대학원 교육학전공 박사과정 수료
현) 여수시청
전) 한영대학교 외래교수
저서) 교육학개론(공저, 정민사, 2023) 외 9권

홍지명(洪志明)
국립전남대학교 일반대학원 유아교육학전공 교육학박사
현) 세한대학교 유아교육과 교수, 더나눔학술 · 문화재단 부이사장
전) 전남대학교 외래교수, 전남도립대학 초빙교수
저서) 교육학개론(공저, 정민사, 2021) 외 10권

김회엽(金會葉)
국립순천대학교 일반대학원 교육학전공 박사과정 수료
현) 전라남도고흥교육지원청, 더나눔학술 · 문화재단 부이사장
전) 전라남도여수교육지원청
저서) 교육학개론(공저, 정민사, 2023) 외 14권

전상준(田尙準)
국립순천대학교 대학원 교육학전공 박사과정 수료
현) 청암대학교 외래 교수, 더나눔학술 · 문화재단 사무국장
전) 순천대학교 외래교수
저서) 교육학개론(공저, 정민사, 2023) 외 14권

조남미(趙南美)

국립순천대학교 대학원 교육학전공 박사과정 수료

현) (사)행복가교 이사, 더나눔학술 · 문화재단 부이사장

전) 중등수석교사, 순천대학교 교육대학원 외래교수

저서) 아동학대의 이해(공저, 동문사, 2022), 교육학개론(공저, 정민사, 2023) 외 4권

문종길(文鍾吉)

한남대학교 일반대학원 상담학과 상담학박사

현) 충남 홍성 광천중학교 진로진학교사

전) 인천 부평고등학교 전문상담교사

신봉호(申鳳浩)

국립순천대학교 대학원 교육학 전공 교육학박사

현) 더나눔학술 · 문화재단 이사장

전) 순천팔마중학교 교장, 순천대학교 겸임교수

저서) 학교상담의 이론과 실제(정민사, 2019) 외 15권

조창영(趙昌榮)

조선대학교 대학원 영어교육학전공 문학박사

현) 더나눔학술 · 문화재단 이사장

전) 순천동산여자중학교 교장

저서) 교육학의 이해(공저, 정민사), 아동학대의 이해(공저, 동문사, 2022) 외 5권

더나눔학술 · 문화재단 편

우리들의 교육 이야기

"배움으로 교육을 말하다"

초판 1쇄 인쇄 / 2024년 1월 1일
초판 1쇄 발행 / 2024년 1월 3일

공저자 / 정두배 · 김영빈 · 차광준 · 박수진 · 조혜영 · 서동기 · 김숙경 · 정수애 · 홍지명 · 김회엽 · 전상준 · 조남미 · 문종길 · 신봉호 · 조창영 · 더나눔학술문화재단 편

발행인 / 이 중 수
발행처 / **동 문 사**

서울특별시 서대문구 홍제원 1길 12
(홍제동 137-8)
Tel: 02)736-3718(대), 736-3710, 3720
Fax: 02)736-3719
등록번호: 1974.04.27. 제9-17호
가격: 18,000원

ISBN: 979-11-6328-557-1 (03800)
E-mail: dong736@naver.com
www.dongmunsa.com

저자와의 합의하에 인지는 생략합니다.